« People will do anything, no matter how absurd, in order to avoid facing their own souls. They will practice Indian yoga and all its exercises, observe a strict regimen of diet, learn [...] the literature of the whole world – all because they cannot get on with themselves and have not the slightest faith that anything useful could ever come out of their own souls. Thus the soul has gradually been turned into a Nazareth from which nothing good can come. »

« Les gens vont faire n'importe quoi, peu importe à quel point ça peut paraître absurde, afin d'éviter le face-à-face avec leur propre âme. Ils vont apprendre le yoga et toutes ses positions, suivre un régime strict, absorber la littérature du monde entier mais ils n'auront aucune foi en leur propre capacité à trouver les réponses qu'ils cherchent si avidement. Ainsi l'âme a-t-elle été progressivement transformée en Nazareth duquel rien de bon ne peut sortir. »

Carl Jung

Pour préserver la confidentialité des séances de thérapie et l'anonymat de ses client·es, l'autrice a modifié les noms et les situations donnés en cas pratiques.

FSC
www.fsc.org
MIXTE
Papier issu de sources responsables
FSC® C005461

Conception et réalisation graphique : Caroline Gioux

Illustrations : Shutterstock

HarperCollins France
83-85 boulevard Vincent-Auriol,
75646 Paris Cedex 13
Tél. : 01 42 16 63 63
www.harpercollins.fr

ISBN 978-2-2804-7095-7

Achevé d'imprimer sur les presses de Rotolito
en janvier 2022, dépôt légal dans le mois suivant la parution.

ASMAA BELH

LOVE PROGRAMME

LA MÉTHODE EN 6 ÉTAPES POUR ARRÊTER DE GALÉRER EN AMOUR

Entre toi et moi

Née en 1983 dans un petit village au milieu des montagnes du Rif dans le nord du Maroc, je porte en moi la culture berbère. Je suis donc une femme qui vient d'une tradition orale, et pour qui la transmission est une valeur fondamentale et profondément liée au cadre familial. Enfant, j'ai passé beaucoup de temps à écouter ma grand-mère me raconter sa vie – la vie des nôtres ; ce partage était pour moi comme un trésor précieux qu'il fallait garder et protéger. Le soir, dans le patio de la maison, toute ma famille se retrouvait, oncles, frères, cousins, cousines, autour d'un bon thé à la menthe pour se raconter. À cette époque où la télévision peinait encore à arriver, la parole était notre principal outil pour exister avec les autres, pour exister pour les autres et pour soi. Cette culture des mots se retrouve aussi dans nos chants traditionnels – les *izran* –, ces mélodies envoûtantes et poétiques qui servent à passer tantôt des messages politiques, tantôt des déclarations amoureuses. Ces chants qui sont parfumés de joie, d'espoir, parfois de colère et de tristesse – toujours, de vie – se transmettent de génération en génération et évoluent, se transforment entre les lèvres de la personne qui les chante pour raconter nos amours, nos attentes, nos bonheurs.

Alors, je sais parler ; la parole est pour moi une amie

fidèle, un outil que je maîtrise avec aisance. Plus encore, m'exprimer, porter les mots, les faire vibrer, les chanter, les aligner me procure un plaisir fort ; je me sens libre quand je parle. Je me sens vivante. J'ai découvert auprès de mon père l'importance de savoir élever sa voix : il m'a expliqué très tôt que si je n'apprenais pas à dire, les autres diraient pour moi ! Alors, j'ai porté mes mots, mais aussi ceux des autres, notamment à travers le Asmaa Belh podcast qui m'offre une très belle plateforme d'expression. Les mots ont du pouvoir et j'aime les utiliser pour prendre le mien ; j'aime les mettre à mon service et à celui des autres : cela me donne de la force, me stimule et me donne l'impression que je suis utile.
En ce moment, on entend beaucoup parler de la zone de confort ; cette fameuse zone – pas toujours très clairement délimitée – dont il faut à tout prix sortir si on veut apprendre, découvrir, évoluer. C'est exactement ce que représente ce livre pour moi : une sortie en territoire inconnu. Un peu comme si on demandait à une pianiste accomplie de s'essayer soudainement à la flûte à bec – cet instrument avec lequel des générations ont été traumatisées en classe de musique.
En écrivant ce livre, j'accepte de me confronter à tous les maux que j'ai associés à l'école, à ces adultes qui ont dévalorisé qui j'étais quand j'apprenais à écrire. Oui, je le reconnais : si, à l'oral, j'étais au top, écrire était long et fastidieux – j'avais l'impression de perdre mon temps. Parler est pour moi tellement plus simple, plus rapide ! Alors, certaines maîtresses me disaient que je n'irais pas loin si je ne faisais pas d'effort car mes écrits étaient moyens (voire très moyens !).
En donnant naissance aujourd'hui à ce livre, je fais

autrement que les miens : je matérialise, j'inscris dans mon histoire et celle de mes proches un autre moyen de communiquer. Je quitte le monde des mots « invisibles » pour leur donner du corps. Ancrer ces mots dans la matière – et les encrer sur le papier – me demande beaucoup d'exercice pour apprivoiser et adopter ce nouveau processus d'expression. Mais cette difficulté à laquelle je me confronte est le prix à payer pour mon évolution et je me réjouis de ce nouveau moyen de dire ce que j'ai à partager.

Alors voilà, je t'ai dévoilé un peu de qui je suis et du défi qu'a représenté ce livre pour moi. Désormais, c'est à ton tour de faire un pas en dehors de ta zone de confort, de te confronter à certaines de tes peurs.

Bienvenue à toi !

De l'image au texte

Quand Asmaa et Sophie m'ont proposé ce projet de livre, je suis passée par plusieurs étapes. Au début, j'ai surtout ressenti de l'excitation, de la joie : participer à un ouvrage publié par une maison d'édition aussi reconnue que HarperCollins France c'était énorme pour moi, j'étais trop contente ! Ensuite, j'ai réalisé que mon témoignage allait potentiellement être lu par des centaines de personnes, que j'allais laisser une trace de moi dans un livre et j'ai été très émue. Là d'où je viens, le livre est un objet élitiste donc, quelque part, contribuer à cet ouvrage c'est aussi pour moi grandir socialement, m'autoriser à exister ailleurs, à un autre niveau. De là est venue ma troisième réaction, en mode effet *kiss cool* : la peur. La peur que ce que je raconte ne soit pas utile, que ce ne soit pas assez inspirant. Je me suis demandé : quelle légitimité ai-je, moi, à raconter mon histoire ? C'est juste mon expérience. Dans ma vie privée, j'oublie souvent que je suis une personne publique, qu'en partageant mon vécu je peux potentiellement aider les gens. En fait, je crois que je n'*oublie* pas, c'est plutôt que je ne m'autorise pas encore vraiment à le *reconnaître*.

Pour toutes ces raisons, faire ce livre a été un vrai *challenge*. Dévoiler ma vie privée, révéler mon travail très personnel et intime au côté d'une thérapeute que j'admire beaucoup, le tout dans dans un format que je ne

connais pas, c'était une posture inédite pour moi. Mais parce que je savais que j'étais entourée de deux femmes en qui j'ai confiance et dont je respecte le travail, j'ai pu me sentir légitime. Ça m'a beaucoup rassurée et, petit à petit, la peur a disparu.
Je ne dis pas que ç'a été facile : au contraire ! Honnêtement, ç'a été horrible. Me replonger dans chaque étape du Love Programme, dans mon histoire, m'a obligée à rouvrir plein de dossiers que je pensais réglés et à en découvrir de nouveaux. Dans ma tête, c'était le bordel : je ne comprenais plus rien, comme si je n'avais jamais fait le programme ! Et au fil du processus d'écriture, je me suis rendu compte que je pouvais descendre encore plus loin et accéder à de nouvelles parties de moi.

Depuis que j'ai décidé de travailler sur moi, ma vie a changé. Depuis que j'ai fait le Love Programme, ma vie amoureuse a été bouleversée. Et quand je découvre quelque chose qui me fait du bien, je n'ai qu'une envie : le partager. Donc pouvoir raconter mon histoire ici représente pour moi un vrai cadeau, c'est l'occasion d'utiliser mon parcours pour montrer les effets concrets du travail sur soi. Et j'espère vraiment contribuer de cette façon à diffuser l'amour autant que possible car, franchement, je te souhaite de vivre la révolution que j'ai vécue, je le souhaite à tout le monde ! Chacun·e va prendre ce programme où iel peut, à son propre niveau et selon son propre rythme. Les résultats seront différents, mais ce que je tiens à affirmer ici c'est que c'est POSSIBLE, ça marche.
Je *sais*, je *sens* que le Love Programme peut faire du bien à celleux qui le lisent. Pas immédiatement, pas tout

de suite : je ne vais pas te mentir, la lecture ne va pas être sympa et agréable, ça va te mettre la tête direct dans les zones où tu évites d'aller. Mais ce livre va t'ouvrir une nouvelle porte sur toi-même, il va te poser des questions et t'aider à trouver tes propres réponses, il va agrandir tes perspectives et t'offrir de magnifiques permissions. Il va te donner une direction et t'accompagner sur le chemin.
Crois-moi : tu n'es pas prêt·e pour les changements qui s'annoncent !

Gaëlle

Juste une mise au point

Pour commencer, je tiens à te dire que **je ne sais pas tout**. Je ne me revendique pas « experte de l'amour » ou « docteure des relations sentimentales » et je ne crois pas tout savoir sur l'amour, loin de là.

Je ne prétends pas dire LA vérité.

Ce que je partage ici, c'est mon expérience, mon savoir-faire, afin de te permettre d'ouvrir de nouvelles voies et te poser de nouvelles questions.

Ce que je te propose, c'est de m'autoriser à **révolutionner tes certitudes sur l'amour.**

Pour alors, loin des comédies romantiques, loin des articles « Courrier du cœur » des magazines et des expériences des autres, rencontrer **ta propre définition de l'amour** et savoir, précisément, ce que tu veux pour toi. C'est l'objectif que *je* me suis fixé en construisant le Love Programme.

Grâce à ce programme, ensemble, on va s'approcher au plus près de qui tu es vraiment, au plus juste de ce dont tu as besoin pour qu'enfin, tu puisses te sentir en harmonie avec l'amour…

Bien se préparer

Cette partie est très importante car l'état d'être que l'on cherche à atteindre nécessite la mise en place d'un environnement d'accueil dans lequel tu te sens en sécurité.
En effet, chaque partie du Love Programme va venir, si tu le veux et le permets, résonner dans ton intériorité. Pour vibrer dans tes souvenirs, dans tes expériences, dans tes silences et tes agitations.
Je prends ça très au sérieux : les mots que tu vas lire vont appeler des images, des souvenirs et des sensations. Toutes ces résonances sont des cadeaux, elles sont des indices précieux à lire, à comprendre, à interpréter, à rassembler pour t'aider dans ta quête de compréhension de qui tu es et comment tu fonctionnes. Il est donc important de les accueillir avec respect.

Pour cela tu vas avoir besoin de :

- ✓ ton attention
- ✓ ta disponibilité
- ✓ ta curiosité
- ✓ ton ouverture d'esprit

Le Love Programme est un moyen de te rapprocher de toi-même, et c'est pour cette raison que ton engagement et ton écoute sont primordiaux pendant la traversée de ces pages. Car chaque fois que tu vas ouvrir ce livre, tu vas t'exposer à des découvertes précieuses et importantes pour atteindre ton objectif.

L'écriture comme alliée

Pour t'accompagner dans ce programme, tu vas également avoir besoin **d'un carnet et d'un stylo**. Mais pas n'importe quel carnet : un carnet de voyage. Parce que ce qu'on va faire ensemble c'est :

une vraie expédition,

un vrai embarquement,

un vrai voyage initiatique,

un vrai moment d'intimité.

Toi, moi, toutes nos énergies vont s'associer pour pouvoir explorer, découvrir et aller encore plus loin dans ton intériorité.

Garder une trace écrite de ton expérience va te permettre d'ancrer chacune des étapes que tu vas traverser. Tu pourras ainsi observer concrètement ta progression, te remémorer tout le chemin parcouru et continuer l'exploration même quand tu fermes le livre. Ce processus d'écriture est un beau moyen d'approfondissement supplémentaire :)

Un cocon rien que pour toi

Enfin, crée-toi un **espace de cocooning**, une bulle où tu vas te sentir hyper bien et dans la douceur. Allume des bougies, prépare-toi une tisane, peut-être de la camomille, installe-toi confortablement, au calme, enlève tes chaussures, mets ton téléphone en mode silencieux, pose-toi vraiment !

Pour pouvoir recevoir toutes les informations qui sont à l'intérieur de toi et rencontrer de nouvelles parties de

ton être, ta disponibilité est fondamentale.
Prends bien le temps de réunir toutes ces conditions avant de te lancer dans l'aventure du Love Programme.
Ça y est, tu es prêt·e ? C'est parti !

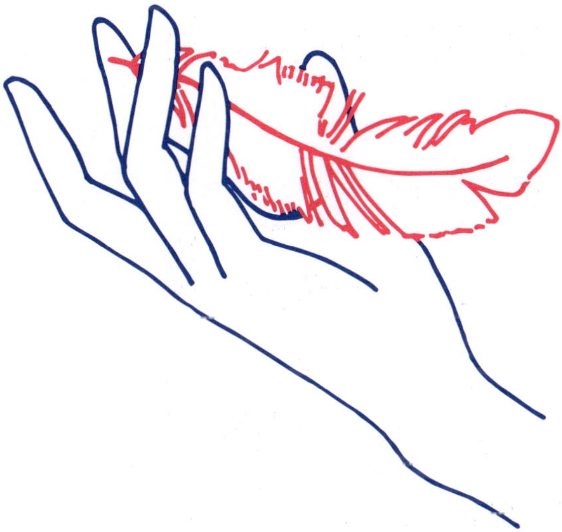

ÉTAPE 1

REGARDE -TOI BIEN EN FACE

Baliser le terrain

Plongée intérieure en trois temps

Cette première étape est indispensable pour donner toute sa force et son ampleur à ton programme !

Je vais te poser trois questions qui ont pour mission de poser le cadre de ce voyage et de te donner de la perspective.

1 Est-ce que tu sais ce que tu veux pour ta vie amoureuse ? Est-ce qu'en embarquant dans cette aventure, tu sais ce que tu veux pour toi ?

Tu ne peux pas obtenir ce que tu veux si tu ne sais pas ce que tu veux.

Objectifs de la question :

- donner de la force à ton DÉSIR
- clarifier tes envies, tes besoins et tes objectifs
- choisir la direction que tu souhaites donner à ce programme

› ***Exemple de réponse :***

je veux que mon·a partenaire m'accueille dans ma totalité, qu'iel apprécie également mes défauts.

Ce que je veux :

....

....

....

....

....

2 Est-ce que tu sais ce que tu attends de ce programme ? que voudrais-tu qu'il fasse avancer à l'intérieur de toi ?

Je ne suis pas le génie d'Aladdin donc ne demande pas de miracle ! N'oublie pas que TU vas réaliser tes souhaits grâce à TON travail.

Objectifs de la question :

› connaître tes attentes concrètes

› déterminer leur viabilité à court, moyen et long terme

› revenir à la réalité, en mesurant clairement tes ambitions

› ***Exemple d'attente peu réaliste :***

Je veux me marier cette année et avoir un enfant dans la foulée (avant septembre ce serait top).

› ***Exemple d'attente réaliste :***

Je veux être en mesure de choisir des personnes saines pour moi.

Mes attentes :

....

....

....

3 Qu'est-ce que tu pourrais mettre en place pour saboter ce programme ?

Notre inconscient nous pousse à répéter les schémas que l'on connaît (même s'ils sont toxiques), car la nouveauté est synonyme d'inconnu et donc, de menace. Ici, je te propose de faire les choses différemment : prépare-toi à rencontrer quelques résistances face à ce changement !

Objectifs de la question :

- se responsabiliser
- conscientiser ce que tu mets en place pour ne pas avoir ce que tu veux
- mettre à jour ton « vrai » problème : est-ce que tu veux vraiment ce que tu dis vouloir ?

EN PRATIQUE

je veux… et je ne veux pas !

» Henri avait décidé de faire le programme durant ses congés aux Maldives.
Il a oublié son ordinateur portable à Paris et ses problèmes de vue ne lui permettaient pas d'utiliser l'écran de son téléphone pour suivre les vidéos du programme.
» Sophia, elle, a revisionné la première vidéo (qui correspond à ce premier chapitre) au moins douze

fois sans rien comprendre.
Elle me disait : « Asmaa, tes mots sont en français mais ils ne rentrent pas, je ne les retiens pas. » Je lui ai alors demandé pourquoi elle ne voulait pas faire le Love Programme, elle a objecté qu'au contraire, elle en avait très envie. Je l'ai alors interrogée : « Si tu parvenais à faire le programme, qu'est-ce que ça changerait pour toi ? » Elle a fondu en larmes en répondant : « Je crois que je quitterais mon copain ».

Parfois, on sabote aussi pour protéger ce qui existe, parce qu'une partie de nous sait qu'elle va finir par savoir et qu'elle préfère rester dans le déni.

Mes techniques de sabotage du programme :

....

....

....

....

....

....

Ces trois questions sont des moyens d'accéder à certaines parties de toi, un peu comme les points de repère d'un itinéraire qui te guideraient vers ta clarté intérieure !
Elles demandent que tu leur consacres du temps, que tu t'accordes l'espace mental nécessaire pour bien y

réfléchir. N'hésite pas à te faire aider par ton·a théra-peute pour y répondre si tu en as besoin ; tu peux aussi nourrir ta réflexion en écoutant des podcasts ou en regardant des vidéos, tous les moyens sont bons !
Bref, prends ton temps !
Bienvenue à toi, tu es désormais sur la route de l'exploration et de la compréhension de ta vie sentimentale. Avance à ton rythme et fais-toi confiance.

GAËLLE

PARTAGE AVEC TOI

Assez rapidement, le love Programme m'a permis de prendre conscience que dans le domaine de l'amour, j'avais zéro attente ou souhait pour moi-même. Avant de le débuter, je vivais une période horrible : j'étais désespérée et découragée de voir que toutes mes relations amoureuses n'aboutissaient à rien. À ce moment-là, je venais tout juste de mettre fin à une relation toxique et je me sentais au bout de ma vie. J'avais tellement été déçue par les hommes que je ne croyais même plus en l'amour.

Ce sont des amies qui suivaient déjà le love Programme qui m'ont poussée à me lancer à mon tour. Je n'étais vraiment pas convaincue : je me disais que ça n'allait jamais marcher pour moi, que ce serait une perte de temps. Et puis, il y a eu le confinement de mai 2020. Comme tout le monde, j'étais à la maison et en pleine remise en question. J'étais un peu perdue et je me suis dit que, finalement, ce n'était peut-être pas une si mauvaise idée de tenter l'aventure. J'y suis allée en mode touriste ! Je me rassurais en me disant : « Bon, allez, j'ai que ça à faire de toute façon, puis je peux arrêter quand je veux ».

C'est à partir de la deuxième étape que j'ai commencé à vraiment me poser des questions et à réfléchir sur moi-même. J'ai compris que la première étape avait été super compliquée pour moi car je n'avais pas de désir amoureux ! J'attendais que les choses se fassent toutes seules, genre le destin va faire tout le taf et m'apporter quelque chose – si possible un mec ultra-canon, merci. En fait, je n'étais pas du tout active et responsable de ma vie affective et amoureuse. Jusque-là, je pensais qu'être proactive dans sa vie sentimentale, c'était draguer, gratter des mecs à droite, à gauche. J'étais complètement à l'ouest ; être proactive, ça veut dire savoir ce que l'on veut et où l'on va. Prendre des décisions en fonction de nos besoins et nos attentes personnelles.

Avant de suivre le programme, je ne savais pas vraiment ce que je voulais et je me retrouvais systématiquement face à deux options :

- soit j'avais envie de plaire à un mec, je le séduisais et je finissais par avoir ce que je voulais (sauf que c'était, bien sûr, pas un mec bon pour moi),
- soit je ne faisais rien, je me laissais porter, et c'étaient les mecs qui me choisissaient (ce qui n'est pas non plus le top pour construire une relation sérieuse avec quelqu'un).

Quand j'ai découvert que j'étais responsable de ma vie amoureuse, je me suis autorisée à rêver une relation où la personne me choisirait et m'apprécierait pour qui je suis réellement, pas simplement pour mon statut de « meuf de la TV », mon compte en banque, ou mon physique.

C'est quoi l'amour ?

Je ne vais pas me risquer à donner une définition de ce qu'est ou n'est pas l'amour. Je ne vais pas faire ça, non, mais j'ai envie qu'ensemble, on puisse réfléchir à ce qu'on sait déjà de l'amour à partir de **ton expérience**.
En effet, le but du Love Programme c'est d'explorer tout ce que tu ne connais pas, de plonger dans le vide de ton ignorance de toi et des mécanismes inconscients à l'œuvre quand tu vis l'amour. Mais avant de se lancer dans cette exploration, il faut déjà regarder d'où l'on part. Alors, ici et maintenant, on va d'abord faire le point sur ce que tu sais, histoire de débuter sur une base sécure.

Pour commencer, je te propose de passer en revue les phrases que tu te répètes quand tu juges ta relation :

« Je m'ennuie. »

« On ne partage plus rien ensemble. »

« Iel ne me stimule plus. »

J'ai entendu ce genre de phrases un nombre incalculable de fois ! Souvent, elles étaient suivies du terrible verdict :

« Je ne sais pas si je suis encore amoureu·se. »

Si je résume : quand je ne ressens pas ce que j'attends quand j'aime (stimulation, échange, nouveauté par exemple), eh bien je ne sais plus si j'aime... merde tu as pigé quelque chose ?!

Dit autrement, quand je ne me sens pas aimé·e comme j'attends d'être aimé·e, ça veut dire que ce que je vis n'est pas de l'amour, évidemment !!

Cet exemple a pour but de te montrer que nous avons tous des cases à cocher avant d'affirmer que l'on est touché par l'amour... Comme une checklist mentale qu'on remplit avant d'oser dire « OK, là, je suis *in love* ».

L'amour n'est pas une liste de courses

On juge, on attend, on veut, on espère et si je ne reçois pas ce que j'exige – ce qui est sur ma checklist –, je suis dans la confusion de ce que je vis et de ce qu'est l'amour. Au point même de m'interroger sur la réalité des sentiments et de remettre en question à peu près tout ce que j'ai vécu dans la relation !
L'amour ce n'est pas « juste » ce que tu sais, ce que tu vis, ce que tu donnes et ce que tu reçois.
Non !

L'amour ne se résume pas à satisfaire tes attentes, annuler tes frustrations et à te faire te sentir comme la 8e merveille du monde dans les yeux de l'autre !

Alors, après cette mise au point….
Sans jugement, je te demande de faire l'état des lieux de tes critères, des cases à cocher sur ta checklist personnelle qui te permet de définir si t'es *in love* ou pas.

Objectifs :

› les identifier !

› décider consciemment si ces critères te conviennent

› t'interroger sur leur justesse pour définir si tu es amoureu·se ou non

Pour t'aider à découvrir ta checklist intérieure, voici trois questions :

Est-ce que tu as de l'affection pour l'amour ?

....

....

....

....

Comment tu sais que t'es *in love* ?

....

....

....

....

Comment définirais-tu l'amour ?

....

....

....

....

GAËLLE

PARTAGE AVEC TOI

Avant, je ne me laissais pas toucher par l'amour. Vraiment pas. Pour moi, l'amour c'était forcément lié au sexe : je basais la relation amoureuse sur l'intensité ou sur mon désir par rapport à l'autre. l'amour, c'était être avec un mec, être en couple et avoir quelqu'un avec qui traîner, à qui envoyer des messages, l'amour c'était ne pas être seule. Si j'avais envie de lui et que je pensais beaucoup à lui, si j'avais des fantasmes avec lui, ça voulait dire que j'étais amoureuse. Sinon, il n'y avait pas d'amour pour moi.

Je pensais que j'étais in love quand j'étais stressée, j'avais le coeur qui battait terriblement fort, je faisais des gaffes ou que je bégayais, j'avais chaud, je transpirais, genre j'avais plus du tout confiance, je me désincarnais et je redevenais une toute petite fille, je perdais tous mes moyens face à l'autre. Et tout ça se produisait uniquement à partir du physique de l'autre ; je craquais toujours sur des mecs un peu bad boy, des mecs à problèmes. Je croyais qu'avoir un regard sombre et un côté ténébreux, voire violent, en faisait des mecs deep alors qu'ils étaient juste paumés ou mal dans leur vie. Mais c'était ce genre de gars qui me faisait vibrer.

Aujourd'hui, tout a changé ! Je me suis rendu compte que l'amour c'est plus qu'un corps, c'est plus qu'un portefeuille, c'est plus qu'une belle voiture. l'amour, ce n'est pas quelque chose de matériel, c'est quelque chose de plus symbolique *qui se partage et se développe dans l'intimité. L'amour, c'est aussi le désir de voir l'autre s'épanouir et être heureux. Désormais, je regarde l'autre dans son entièreté ; je sais qu'on peut s'entraider, que les qualités et les défauts de chacun·e nous permettent de construire quelque chose de solide, de vrai, et d'apprendre, de grandir et nous améliorer au quotidien.*

Tu sais que tu ressens l'amour, quand il se passe D'ABORD des « trucs » dans ton corps, des sensations physiques.
Ton ventre est embarqué tu ne sais où :

- **tu n'as plus faim ou tu as trop faim**
- **tu as la diarrhée (pardon pour les détails)**
- **tout se tord et se retord dans ton estomac**

Ton ventre te parle !
Ce qu'il dit ? Aucune idée, tu ne piges pas grand-chose !
Ton cœur, lui, bat fort, tu l'entends, il tambourine dans ta poitrine et palpite, il se serre et s'élargit...

- **tu transpires**
- **ta gorge s'assèche**
- **tu sens que ton corps dicte ses règles**

Dépossédé·e de ton contrôle sur lui, tu subis, impuissant·e ! Intense et profond, parfois brutal, le mouvement de l'amour ne te demande pas ce que tu en penses ! Hein ?

Aussi, tu sais que tu ressens de l'amour quand ta tête est stimulée par la présence de l'autre, quand tu as l'impression d'une connexion unique entre vous, quand tu pourrais parler des heures avec l'autre et que tu admires son intelligence !
Selon les personnes, la tête contrôle alors tout : tu analyses et décryptes chaque mot échangé, chaque expression du visage. Parfois même, un combat très violent peut apparaître entre la tête et le corps, chacun luttant pour dominer l'expérience de l'amour...
Voilà, tu cherches quelque chose qui se passe dans **le cœur**, dans **les émotions**, tu cherches **à ressentir** la folie, l'intensité. Tu veux être **dépassé·e, transporté·e**. Tu aspires à vivre **la passion**, tu veux être habité·e par quelque chose de complètement dingue à l'intérieur de toi.

Alors je te pose la question :
est-ce que c'est vraiment ça l'amour ?

Est-ce que l'amour c'est ce que tu attends, est-ce que l'amour c'est ce que l'on te donne, ce que tu espères ? Est-ce que l'amour c'est seulement ce qui te dépasse et te fait vivre des vibrations qui semblent venues d'un autre monde ?

Love is all around

Et si on t'avait menti, et si l'amour ce n'était pas ça ?

Si c'était moins théâtral, moins *drama*, moins fou, moins passionnel, moins extraordinaire, moins fantastique, moins surprenant, moins agité, si l'amour était juste... **moins** ?

Si l'amour était simple, naturel, clair, sage, fluide et accessible à tous, oui à tous...

Si l'amour était une ressource naturelle, ici, juste là, disponible, précieuse, sacrée et accessible. Comme le vent, l'eau, le soleil et les nuages, oui un peu comme un nuage !

Si l'amour c'était ça, je te demande sincèrement si, pour toi, il deviendrait alors moins désirable ?

Est-ce que tu aurais moins envie de l'amour s'il était à ta portée ?

Je me demande vraiment si l'idée marketée de l'amour ne le rend pas : irréel > impossible > invivable...

En fait, on veut vivre un truc fou, extraordinaire, exceptionnel : on ne veut pas l'amour...
Parce que lui, il est là, tout près, accessible, disponible : il attend que l'on puisse le recevoir, l'accueillir chaleureusement.

Tu m'appelles quand tu es prêt·e ?

Restons sur cette image de l'amour comme une ressource naturelle, abondante et accessible. Si l'amour est en quelque sorte un nuage, ça veut dire qu'il ne prend sa source à l'intérieur de toi. L'amour ne trouverait donc pas sa source à l'intérieur de toi mais il viendrait de l'extérieur, où il préexiste dans

une sphère un peu inconnue, dans son propre domaine. Donc, supposons que ce soleil de *love*, ce nuage de *love*, que cet amour est là et qu'il nous attend.
Sauf que, pour accepter de sortir de cette sphère et venir jusqu'à toi, il a des demandes bien à lui (il est sympa mais il ne va pas s'installer n'importe où !). Tu peux l'appeler, le convoquer, mais il n'est pas dans l'obligation d'apparaître !

En gros, l'amour veut bien participer à ta vie et t'apporter tout ce qu'il a de beau, de doux et de fort mais pas comme ça, pas n'importe comment, pas sans conditions.

RAPPEL

Nous parlons de l'amour dans ce qu'il a de plus pur, de plus puissant et de plus authentique, hein ! On ne parle pas d'une amourette, d'un plan cul ou d'un « je ne sais pas trop ce que c'est ».
Je n'ai rien contre toutes ces expériences, mais ce n'est pas le sujet ici.

Que faut-il donc faire pour mériter sa venue, sa présence et sa compagnie ? Hein ? Tu veux savoir ? Comment convoque-t-on cet amour-là, celui qui est précieux et recherché, celui qui apporte le calme et la nourriture nécessaires à la tranquillité de ton âme ?
Pour que l'amour réponde à ton appel, tu dois passer par trois étapes fondamentales pour l'accueillir avec respect, disponibilité et décence. Trois étapes qui te permettent de nettoyer, préparer et ensemencer ton terrain afin d'accueillir, enfin, l'amour :

1. Tu guéris toutes tes blessures liées à l'amour.
2. Tu quittes toutes tes anciennes relations amoureuses.
3. Tu développes une confiance absolue, une foi inébranlable en la vie.

Pas si simple, hein ? Ne t'inquiète pas, on va avancer ensemble sur le chemin ☺
Ou bien, tu penses que tu as déjà tout réglé, que tu es en paix avec l'amour, que tu as clôturé toutes tes histoires et que la vie et toi vous êtes BFF ? Attends un peu de découvrir ce que chaque étape va te révéler de toi !

Dans quel état est ton terrain ?

Rencontrer les fissures

Pour bien préparer ton terrain à accueillir l'amour, il faut le réparer et donc, localiser la ou les zones qui nécessitent une intervention. Attention, je ne te parle pas des relations qui t'ont blessé·e, je te parle de la blessure elle-même. Oui, cette blessure.

Et si cette blessure d'amour ne pouvait se guérir que si tu la rencontrais vraiment ?

- ✓ **Si tu la regardais en face**, que tu observais sa couleur, sa forme, son intensité, que tu prenais conscience de ce qu'elle te fait à l'intérieur de toi, comment elle agit dans ton corps, à quel endroit elle te touche ?
- ✓ **Si tu prêtais attention à ce qu'elle raconte dans ta tête**, comment elle te parle, ce qu'elle te dit de toi, ce qu'elle dit du monde, de l'amour, des autres et de tes partenaires potentiel·les ?

Si tu rencontrais vraiment ta blessure, tu rencontrerais « ta maladie », tu rencontrerais la douleur qui, à l'intérieur, décide pour toi, celle qui dicte des règles autoritaires qui t'éloignent de ce que tu veux.
Cette blessure te fait souvent faire des choses qui ne te vont pas, que tu regrettes et qui te dépassent.
Elle a une histoire, elle a une lourdeur. Elle a une souffrance qu'elle n'a pas résolue.

Pour mieux la comprendre et la rencontrer, voici trois questions :

À quoi elle ressemble ?

....

....

....

Qu'est-ce qu'elle te fait dans ton corps ?

....

....

....

Qu'est-ce qu'elle te dit dans ta tête ?

....

....

....

GAËLLE

PARTAGE AVEC TOI

Quand j'ai regardé ma blessure de l'amour, j'ai vu du feu. De la lave. Quelque chose de brûlant, de bouillonnant. C'était très désagréable : ma trachée me faisait mal, j'avais des nausées, la poitrine serrée, je me sentais hyper essoufflée, je ne me sentais pas bien, gorge nouée, ventre gonflé, comme si j'étouffais, comme si je portais une grosse charge, et j'étais vidée, épuisée. Je sentais vraiment que j'avais envie d'extraire quelque chose de moi, de l'éjecter ; physiquement, c'était très intense. Dans ma tête, une voix me répétait en boucle : « l'amour, le vrai, c'est que du vent», « Il y aura toujours un truc qui déconne », « Tu ne rencontreras jamais l'homme de tes rêves, c'est une illusion », « l'amour, c'est dangereux et ça fait mal », « À quoi bon ? ».

Après avoir rencontré ta blessure, lui avoir donné une forme, une couleur, tu as maintenant une idée plus précise de ce qu'elle est et de ce qu'elle te fait. Elle existe et puisqu'elle existe, tu peux désormais passer à l'étape de la séparation.

Désherber le terrain

C'est le moment de renoncer, de dire au revoir, de quitter toutes les relations passées.

Toutes, pas juste celles qui t'ont laissé les pires souvenirs : cela concerne aussi les bonnes !

Les quitter. Qu'est-ce que ça veut dire ? Ça veut dire quitter nos espoirs, nos attentes, nos colères, nos tristesses mais aussi les moments de joie, de bonheur, la nostalgie et les regrets. C'est libérer toute la place qu'elles prennent à l'intérieur de toi.
Dire au revoir, c'est **se séparer**. C'est te rappeler que tu peux laisser partir tranquillement, au fur et à mesure, chacune de ces histoires, chacune de ces aventures, chacune de ces rencontres. Il ne s'agit pas de les supprimer ou les annuler complètement, bien au contraire. C'est juste leur dire :

« *You know what ?* Toi et moi, c'est fini. Ça ne peut plus exister à l'intérieur de moi, il est temps que tu partes et que je récupère cet espace. »

Parce que **dire au revoir, c'est avoir la possibilité de**

dire bonjour à quelque chose d'autre, de dire « *Hi* », de dire « OK, j'ai de la place à l'intérieur de moi pour ce nouveau chapitre de ma vie ».
Quitter la relation, quitter les relations qui t'ont fait du mal après avoir rencontré ta blessure, c'est désencombrer ton intériorité, c'est **créer de la place pour vibrer** avec ce nouveau toi !
Alors, l'exercice n'est pas facile. Je ne te dis pas que tu auras dit au revoir à tout le monde après cette lecture, mais commence quelque part. Commence là où ça fait mal.

Dis vraiment au revoir à cette relation, ne reste pas avec des regrets, ne reste pas avec toute cette charge affective non résolue encore à l'intérieur de toi.
Tu vas prendre ton cahier et tu vas lister toutes les relations que tu vas quitter.

Et pour chaque relation, tu vas quitter :

- ✓ ce qu'elle avait de bon
- ✓ ce qu'elle avait de mauvais
- ✓ les plaisirs qu'elle t'apportait
- ✓ les souffrances qu'elle a provoquées

Tu vas dire au revoir à la relation **dans son entièreté**.

Pour cela, tu choisis le format qui te convient : pour certaines relations, tu vas être en mesure de passer un petit coup de fil à ton ex, pour d'autres ce sera plutôt une lettre, un mail que tu leur enverras pour de vrai. Mais parfois tout ça n'est pas possible et tu vas donc user de ta créativité, de ta liberté pour te séparer avec intensité :)

Peut-être te reste-t-il un objet, une lettre ou un vêtement qui appartient à ton histoire ?
Peut-être que tu peux utiliser quelque chose qui te fait penser à ton histoire ?
Peut-être que tu peux créer, dessiner quelque chose qui représenterait ton histoire ?
Ensuite, tu peux choisir de jeter, brûler, déchirer, enterrer cet objet avec un mot, en prononçant des mots pour renforcer l'intention de ce moment...
Laisse venir, traverse et respecte l'émotion qui te fera coucou :)

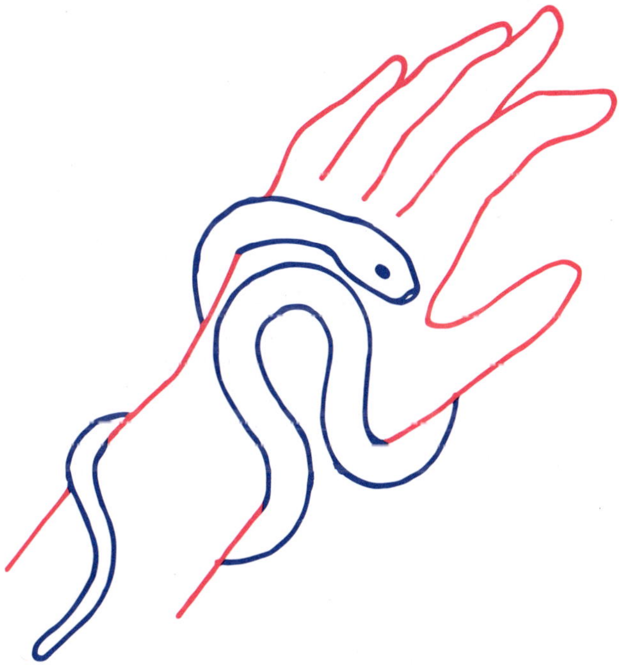

GAËLLE

PARTAGE AVEC TOI

Avec cet exercice, j'ai pris conscience que le plus dur à quitter pour moi, c'étaient les beaux souvenirs. Par nostalgie, j'avais gardé un tas d'objets qui appartenaient à mes anciennes relations et étaient dispersés un peu partout chez moi. Voici la liste (non exhaustive !) :

- une peluche, cadeau d'un ex qui avait été très gentil avec moi mais qui allait trop mal dans sa vie pour qu'on puisse être ensemble ;
- les photos d'ex dans le cloud, j'ai dû faire un énorme tri – pendant le confinement, j'avais que ça à faire en même temps ! –, comme un gros ménage de printemps ;
- une bague que mon premier amour m'avait offerte, quand j'avais seize ans ;
- plein de mails et de textos de l'ex dont je m'étais séparée trois mois avant ;
- un sac à main mais qui venait d'une copine que j'adorais mais avec qui ça s'était mal fini.

Un peu après, quand j'ai déménagé, j'ai retrouvé dans ma bibliothèque un guide touristique de Venise qui appartenait à l'un de mes ex avec qui j'étais restée quatre ans. Cette relation a été la pire que j'ai vécue, la plus toxique d'ailleurs, la plus violente. Il m'avait invitée à Venise pour me faire une demande en mariage là-bas, que j'avais refusée – enfin, j'avais accepté sur le coup tellement il me faisait peur, et quand on est rentrés, je me suis sauvée. Mais malgré tout ça, j'avais gardé ce bouquin dans ma bibliothèque ; là je me suis dit « Ah ouais, c'est franchement du lourd » et je l'ai jeté. Se séparer de manière consciente, ce n'est pas juste dire « au revoir » et se débarrasser d'un objet. C'est « Ouah, j'avais encore ça purée ! Ça me rappelle ça et ça ».

J'ai aussi donné à des associations : il y a des choses qui ne méritaient pas d'être abîmées ou jetées à la poubelle, donc j'ai préféré en faire profiter quelqu'un d'autre. C'était un processus hyper violent, tous les souvenirs liés à ces relations sont revenus à la surface, avec les émotions associées. C'était une cata, j'avais envie de mourir tellement j'avais mal dans le corps ; alors j'ai tout noté. J'ai noté les souvenirs des mecs qui m'ont maltraitée, des mecs qui ne m'ont pas respectée, des mecs qui m'ont utilisée. Je crois qu'à l'époque de ces relations, je n'étais pas assez consciente, assez proche de moi pour sentir tout ça. C'est au moment du programme que j'ai vraiment regardé, consciemment, la violence de ces relations, tout m'est revenu en pleine tête comme une rafale, comme un boomerang. C'était franchement terrible, voilà. Je ressentais plein de noirceur à l'intérieur de moi, je me sentais consumée et j'avais vraiment… j'avais peur de souffrir à nouveau. Heureusement, deux jours après avoir fait cette première étape, quelque chose est apparu : l'espoir. Je savais que le bon moment arriverait, que je guérirais de mes blessures et que j'allais vraiment faire de la place pour rencontrer l'homme parfait pour moi.

En tout cas, j'étais prête à dire au revoir, j'étais prête à désencombrer et à rencontrer ma douleur, ma souffrance *et mes émotions. J'ai clairement pris conscience que le chemin du love Programme n'était pas simple et agréable, que ça allait être bousculant, douloureux mais que ça allait tout changer pour moi.*

Nourrir la terre

On arrive au troisième point, qui peut être assez difficile à comprendre parce que c'est peut-être le moins matériel, le moins concret, le moins palpable.

Avoir confiance.

Avoir confiance, avoir foi en la vie.

→ **Que tu sois croyant·e ou non, ce sujet te concerne !**

Souvent, on regarde notre vie à partir de :

- ✓ nos traumas,
- ✓ nos blessures,
- ✓ nos douleurs,
- ✓ nos problèmes.

Et cela crée de la peur, de l'angoisse, de la suspicion et même parfois de la paranoïa.

Ici, je te propose de changer d'angle de vue. De décider de regarder ta vie à partir de tout ce qui est bon dedans.

À partir de :

- ✓ tes joies,
- ✓ tes excitations,
- ✓ tes fiertés,
- ✓ tout ce que la vie t'a apporté de nourrissant.

Peut-être que tu pourrais commencer à lui faire confiance.
Peut-être que tu pourrais commencer à te dire que tu fais partie d'**un cycle parfait**.

Regarde autour de toi, regarde les éléments, regarde la vie qui t'entoure, de la fourmi qui rampe à la guêpe qui t'embête pendant l'été, quand tu es en train de boire ton petit verre tranquille, regarde le soleil, les forêts… Ton environnement est parfait, les cieux, les mers, les naissances, les morts, les cycles de vie sont multiples et nous rappellent comment tout est à sa place – tout cela nous dépasse, certes, mais c'est parfait.
Toi aussi, tu es parfait·e. Toi aussi, tu fais partie de cette perfection. Ta vie est exactement comme il faut. Tous les systèmes à l'intérieur de toi (et ils sont multiples) te permettent d'être vivant·e et sont parfaits.

Tu es vivant·e grâce à la vie,
elle décide de maintenir ton souffle.

Alors, avoir confiance en ton environnement, avoir confiance en tous les éléments vivants qui sont autour de toi, en la vie, c'est le minimum, non ?
Faire confiance à la vie, c'est être en mesure de pouvoir recevoir le bon mais aussi de savoir respecter et accueillir

ce qui l'est un peu moins. C'est accepter que tu ne sais pas tout, que tu ne vois pas assez loin pour déterminer si cet événement que tu considères comme négatif l'est vraiment. C'est prendre un peu de hauteur sur ce que tu traverses et dire à la vie :

**« Je sais que ça va aller, je te crois,
je sais que tu veux le meilleur pour moi
et je te fais confiance, corps et âme. »**

Car la vie donne, elle ne fait que ça. Elle est à notre service, à ton service, elle met à disposition l'abondance dont on a besoin depuis le début de l'histoire. Et toi, tu as le culot de douter d'elle ?
Comment la vie peut-elle te donner l'amour que tu espères, si tu ne lui fais même pas confiance ?
Comment peut-elle être généreuse en t'offrant cette émotion si précieuse si tu ne la trouves pas digne de ta confiance ?

C'est à toi d'accepter ses cadeaux.

Ouvrir grand les yeux

Depuis notre naissance, nous trions tous et toutes les données que nous recevons, les émotions que nous ressentons et même les actions que nous menons.
Certains de ces éléments restent au niveau de notre conscience, et d'autres sont soigneusement mis de côté.

Pourquoi ?

Parce qu'une partie de nous préfère ne pas savoir : elle a peur et cherche à se protéger de ce que ces informations provoqueraient et de ce qu'elles pourraient avoir comme conséquences.
Comme la connaissance devient difficile, la conscience devient difficile, on préfère ranger toutes ces informations dans un coin et on ne sait même pas que ça existe quelque part à l'intérieur de nous.

« Se savoir » est presque dangereux : cela représente une menace. Nous méconnaissons donc une partie de notre réalité pour nous permettre d'éviter la souffrance.

Cela nous va très bien, jusqu'à ce que ces systèmes de protection nous mettent en difficulté dans la relation à l'autre, jusqu'à ce que ces « ignorances » bloquent notre évolution personnelle, jusqu'à ce que ces méconnaissances fassent souffrir ceux que l'on aime.

Le but du Love Programme est de vous guider dans l'exploration de votre propre mystère, de vous aider à saisir ce que vous ne comprenez pas. Alors, bien sûr, ce livre ne remplace ni la thérapie, ni le thérapeute, mais il peut être un outil intéressant pour repérer ce que tu ne parviens pas à voir de toi et des autres.

Page après page, j'espère que tu lèveras des « méconnaissances » sur toi et sur tes problèmes d'amour.

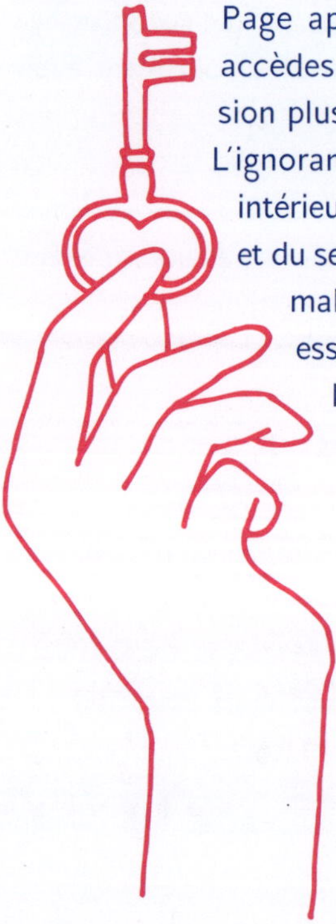

Page après page, je souhaite que tu accèdes à des niveaux de compréhension plus larges et plus profonds.

L'ignorance de soi, de nos mécanismes intérieurs, des actions que nous menons et du sens de tout ça, participe fort à nos malheurs relationnels : c'est donc essentiel de mettre de la conscience là-dedans si l'on souhaite renforcer nos liens amoureux.

BREAKING NEWS

Personne ne peut savoir ou te dire qui tu es vraiment : tu es la ou le seul·e qui a toutes les réponses. Moi-même, je ne les connais pas, je ne te connais pas mais je te propose de récupérer ton pouvoir en devenant maître·sse de l'information. À travers le Love Programme, tu vas pouvoir lever ces méconnaissances, pour mieux te voir, mieux te comprendre. Tu vas également pouvoir mesurer l'ampleur de ton ignorance sur ta vie intérieure et, peu à peu, gagner une meilleure conscience de toi !

Regardons de plus près quels types de méconnaissances nous pouvons mettre en place.
La méconnaissance peut porter sur plusieurs éléments différents :

- ✓ le stimulus et le sens du stimulus
- ✓ le problème et le sens du problème
- ✓ les options pour résoudre le problème

EN PRATIQUE
je ne voyais pas ou je ne voulais pas voir ?

Pour clarifier la différence entre ces éléments et les types de méconnaissances, je te propose un exemple pratique. Nous allons étudier le cas d'une de mes clientes, que je vais appeler Layana. Layana

a découvert que son mari voyait des escorts depuis plusieurs mois. La révélation a eu lieu un matin, lorsque le réveil de son époux a sonné et que Layana a voulu l'éteindre : elle a découvert une page web ouverte et, brutalement, à 7 heures, elle a appris que son mari la trompait et lui mentait.
En état de choc, Layana lui demande pourquoi une page d'escort est ouverte. Il répond : « Pour me soulager. » (Je te demande de ne pas juger : l'objectif de cet exercice est d'analyser la situation à partir de ses méconnaissances à elle, pas celles de son mari.)
Après ce bouleversement, elle fait des recherches et découvre la vérité : son mari fait appel à des escorts depuis plusieurs mois.
Alors, OK, il était sûrement très doué pour faire tout disparaître et ne laisser aucune trace, mais... et si une part de Layana avait choisi de méconnaître certains indices, certaines informations, pour ne pas être confrontée aux agissements de son mari ?
Je vais décrypter cette situation à partir des différentes méconnaissances qu'elle aurait pu avoir afin de t'aider à bien intégrer ce concept.
L'idée, c'est que tu puisses l'appliquer facilement à tes propres expériences.

MÉCONNAISSANCE DU STIMULUS ET DU SENS DU STIMULUS

Le mari de Layana sort très souvent, il est tout le temps sur son téléphone, elle a remarqué plusieurs incohérences dans ses propos au sujet de ses activités, il n'est jamais là le dimanche, il ne manifeste pas de désir sexuel pour elle.

Il s'agit d'éléments factuels, observables par Layana mais qu'elle (une partie d'elle) refuse de voir vraiment.

MÉCONNAISSANCE DU PROBLÈME ET DE SON IMPORTANCE

Avant cette découverte, le discours de Layana était très rassurant : « Il n'y a aucun problème, nous sommes ensemble depuis dix ans, nous nous aimons et notre histoire est fiable, solide. Il est hyper top avec les enfants. J'ai confiance en mon mari. »
Malgré les faits, Layana n'a pas conscience du problème.

MÉCONNAISSANCE DU SENS DU STIMULUS

Pour justifier les faits qui auraient pu l'alerter sur l'existence d'un problème, Layana trouvait d'autres explications. Par exemple : « Il travaille beaucoup, c'est pour cette raison que le dimanche il n'est pas là », « Il est épuisé et a besoin de se déconnecter, c'est pour cette raison qu'il est tout le temps sur son téléphone », « Il est ultra-sollicité par sa famille, c'est pour cette raison qu'il est tout le temps dehors ».
Layana donnait un sens qui arrangeait sa méconnaissance : elle alimentait son ignorance.

MÉCONNAISSANCE DES SOLUTIONS

Layana pouvait sentir à moitié que l'absence de son conjoint la dérangeait, la rendait triste. Parfois, elle avait quelques doutes mais elle se reprenait tout de suite. Comme elle redoutait la solitude, n'avait pas de

boulot et considérait que les enfants avaient besoin d'un père présent, l'option séparation n'existait pas pour elle. Mieux valait donc ne pas savoir !
Lorsque Layana est confrontée à la vérité, tout s'assemble et soudain, comme dans un film, elle fait le lien entre tous ces indices. Elle voit alors *vraiment* tous les signaux (stimulus) qu'elle n'était pas en mesure d'accepter ainsi que le problème qui « n'existait » pas auparavant pour elle.

Traquer ses méconnaissances

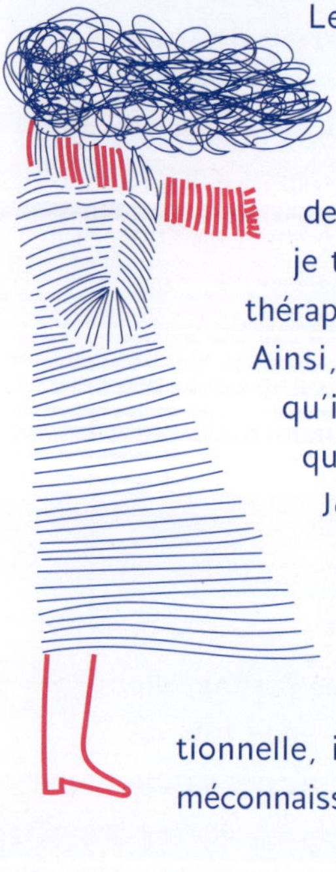

Les méconnaissances constituent une porte d'entrée très efficace pour approfondir la conscience de soi. Évidemment, c'est un peu compliqué de le faire tout·e seul·e. C'est pourquoi je t'invite à amener ce concept à ton·a thérapeute, à en discuter avec tes proches. Ainsi, iels pourront partager avec toi ce qu'iels ressentent et perçoivent de ce que « tu voudrais ne pas savoir ».

Je te propose également un petit exercice pour approfondir cette exploration en solo.

D'après Eric Berne, psychiatre fondateur de l'analyse transactionnelle, il existe trois grandes catégories de méconnaissances.

- **Sur soi**
- **Sur les autres**
- **Sur le monde**

Ces méconnaissances peuvent concerner quatre espaces (comme on l'a vu avec l'exemple de Layana) :

L'existence du problème

« Euh, il y a un problème ?
– Mais nan pas du tout ! »

La signification du problème

« Je ne comprends vraiment pas pourquoi iel s'est vexé·e...
C'est quoi le sujet, là ? Toujours à faire du *drama* celle-là ou celui-là ! »

La possibilité du changement

« Bah oui ça a toujours été comme ça, ma mère aussi criait sur mon père, c'est le destin familial ! »

La capacité personnelle à amener le changement

« Toi, tu as toujours su exactement quoi faire dans cette situation. Moi, je finis toujours par me faire humilier, je ne sais pas du tout me faire respecter et puis j'ai pas du tout de repartie. Je ne vois pas comment je pourrais savoir répondre comme ça. »

Pour t'entraîner à repérer où se situent les

méconnaissances, voici une de mes discussions (légèrement adaptée) avec Elyas. Observe bien tout ce qu'il met en place ; peut-être que ça fera écho à une de tes situations personnelles ?

« Je ne rencontre que des femmes qui veulent me contrôler et qui en ont après mon argent.

OK, je comprends, et que voudrais-tu pour toi ?

- Une femme qui puisse m'apprécier pour qui je suis sans chercher à m'infantiliser. Je ne suis pas son fils quand même !

D'après toi, qu'est-ce que tu mets en place pour rencontrer ce genre de personne ?

- Bah rien du tout ! Elles me tombent dessus !

Je vois, et où rencontres-tu ces femmes en général ? dans quel type d'endroits ?

- Je les rencontre souvent par l'intermédiaire de copains. Des amis qui sont déjà en couple.

Tu peux me décrire un peu quel genre de copains tu as ?

- Eh bien, ce sont des hommes assez fortunés, des entrepreneurs, des gars qui voyagent beaucoup.

D'accord, et leurs femmes ?
tu peux m'en dire plus sur elles ?

- Elles ne travaillent pas, elles s'occupent de leurs enfants. Ce sont des femmes plutôt coquettes qui gèrent la maison et la famille.

Est-ce que, d'après toi, il est possible

de rencontrer des femmes qui te reconnaissent pour ce que tu es de manière complète, qui ne sont pas focus sur l'argent et ta situation matériel, si tu les rencontres via des hommes et des femmes qui ont ce système de vie-là ?

– Bah tu veux que je rencontre comment ?

Quels autres endroits tu pourrais fréquenter pour rencontrer des femmes différentes ? Peut-être via des amis différents ? Des soirées, des sites de rencontres ? Est-ce que c'est possible ?

– Ah nan pas du tout, c'est déjà assez compliqué comme ça ! Je ne vais pas aller en soirée comme un guignol pour attendre de repérer une fille et encore moins m'inscrire sur un site. Je ne sais pas faire ces trucs-là moi ! Et puis toutes les filles dans ce genre de lieu vont à la pêche, non j'ai pas du tout confiance ! Ce n'est pas mon truc. De toute façon, c'est devenu compliqué pour tout le monde, pas que pour moi ! »

Elyas reconnaît le problème : il le voit et le comprend, mais il n'en connaît ni la signification ni les possibilités de changement et encore moins sa capacité personnelle à le résoudre. Ses méconnaissances portent à la fois sur lui (ce n'est pas pour moi, je ne sais pas faire), sur les autres (les filles) et le monde (il est « compliqué »). Est-ce que cela te rappelle certaines réactions que tu as pu avoir ?

Ça y est : tu viens de terminer la première étape du Love Programme. Ce chapitre avait pour objectif d'ouvrir la porte vers tes profondeurs. Tu es désormais un peu plus proche de toi, un peu plus proche de ton terrain et un peu plus proche de ce que tu ne sais pas de toi, pour te rapprocher de ton désir ! Bienvenue à toi.

[Pause]

Keep calm and take your time

J'imagine que tu as fait tes exercices, que tu as peut-être gratté des pages entières de notes, et j'espère que ça a été le plus simple possible pour toi. Mais si ça ne l'a pas été, ce n'est pas grave.

C'est normal que le fait de creuser à l'intérieur de toi ne soit pas facile : tu explores des territoires hyper balisés et protégés, ils peuvent donc être difficiles d'accès.

C'est en y allant et en y retournant le plus souvent possible qu'ils vont accepter de te laisser entrer. Imagine un peu que ces espaces sont gardés par une meute de loups dont la seule mission est de te protéger. Il ne suffit pas de leur dire « Hey, je viens en paix » : il faut les habituer, progressivement, à ta présence, apprendre à décoder leurs signaux d'alerte, ce qui les calme, ce qui les inquiète. Ainsi, tu vas identifier tes alarmes intérieures et tu sauras quand il est nécessaire de ralentir l'exploration ou d'avancer avec plus de délicatesse.

Pour moi aussi c'est un vrai exercice : dès que je rentre dans une zone nécessaire à mon développement, je ne comprends rien et je débite une succession de « Je ne sais pas » à en être fatiguée ! La colère monte, accompagnée de confusion. Alors, je sens que je balance fort entre le « je veux y aller, je veux comprendre, je veux régler ce qu'il y a à régler » et le « ça va, je ne vais pas mourir si je n'y vais pas *now* ». Et parfois même, je refoule ces prises de conscience dans les profondeurs de l'oubli.

Sache que tu ne manques de rien et qu'il n'y a rien à connaître pour faire la traversée que je te propose dans ce livre ! Tu disposes d'ores et déjà de toutes les ressources en toi.

Être disponible pour ouvrir ton cœur à toi-même, ressentir les messages de ton corps, ce n'est pas une question de savoir : c'est **une question de pratique, de douceur, de patience et de lien**...

Oui, la relation nous aide à aller là où on a peur, là où on a mal, là où on est frustré·es.

La relation – être en lien avec l'autre, être intime –, c'est un espace protégé qui peut nous donner la force et la confiance nécessaires pour sortir de nos incapacités.

Je parle de la relation avec des professionnels, évidemment, des relations thérapeutiques, mais pas que !

C'est donc un vrai challenge que de faire ce programme solo. N'hésite pas à l'apporter en thérapie, à échanger avec ton entourage, à partager les questions dans tes groupes de discussion, à les décortiquer, à leur donner du corps !

Répondre à ces questions demande du temps, de l'espace, des échanges et aussi de la solitude... L'objectif, ce n'est absolument pas que tout soit parfait mais que, petit à petit, tu avances un peu plus profondément. Tu pourras revenir sur certaines questions quand tu le sentiras. Je voulais vraiment te rassurer là-dessus, ne cherche pas à être parfait·e, ne cherche pas à faire parfaitement les exercices.

Il n'y a aucune manière de bien faire, il y a la tienne, celle qui convient à ton rythme.

Voilà, ça, c'est dit !

ÉTAPE 2

RÉCUPÈRE TON POUVOIR

La permission d'être responsable

Devenir maître·sse chez soi

À mes vingt et un ans, j'ai décidé d'aller voir une thérapeute car il y avait trop de bruit à l'intérieur de moi. J'étais perdue et je ne m'entendais plus penser – en fait, je ne sais pas si je m'étais déjà *vraiment* entendue.

Dans ma tête, ça criait souvent, ça disait des méchancetés, ça me dénigrait et parfois m'agressait.

Ces voix, ces « fantômes » provenant de mon histoire de vie – de ce que j'avais vu, entendu, ce que l'on m'expliquait –, prenaient toute la place, tout ça était trop fort dedans.

La peur et la tristesse m'enveloppaient et je n'avais aucune idée de qui j'étais. Je voulais que ces voix s'arrêtent, je voulais arrêter de penser autant, je voulais arrêter de ne pas savoir, je voulais faire taire tout le monde.

Et puis, finalement, une femme que je respectais pour son intelligence a passé une heure à m'écouter parler de moi. Elle s'est montrée si curieuse et si concernée par ce que je vivais que ça m'a donné une nouvelle place dans ma vie. Une place où, à mon tour, je pouvais être curieuse de moi, où je pouvais être concernée par moi et où je pouvais m'écouter aussi !
Alors j'ai compris.
J'ai compris que ce bruit intérieur parlait de la manière dont je ne m'habitais pas. **Je m'étais désertée**, j'avais déserté ma vie, mes projets et mon monde intérieur était désormais habité par l'autre – qu'il soit le monde, la société, les profs, les copains, la famille, les médias – et non par moi.
Alors j'ai appris.
J'ai appris à **habiter mon territoire**, j'ai appris à vivre sur mon terrain et petit à petit, je suis devenue moi.
Je suis devenue moi en :

- **quittant**
- **rencontrant**
- **m'écoutant**
- **héritant**
- **portant ma voix.**

Cette thérapeute **m'a aidée à me croire**.
Jusque-là, je ressentais, je voyais des choses à l'intérieur et à l'extérieur de moi, mais je ne leur donnais pas de force, je ne leur donnais pas de valeur. Elle m'a permis de **savoir que je savais**.
Elle m'a appris à faire confiance à mes ressentis, à ma

vérité. Je sais aujourd'hui que croire en mon expérience, en ma vérité m'a sauvée.

C'est aussi grâce à cette femme que je suis devenue psychopraticienne : grâce à des questions, des hypothèses et des confrontations bien musclées, elle m'a montré que j'avais l'intelligence, la curiosité et toutes les capacités pour devenir thérapeute. Qu'une psychologue aussi douée qu'elle, avec laquelle j'avais tellement travaillé, et pour qui j'avais tant de respect puisse m'imaginer psychopraticienne, m'a donné une permission que je ne saurais décrire. En plus, elle connaissait l'ampleur de « ma folie », de mes névroses. Alors, si *elle*, elle disait que c'était possible ! Waouh !

Enfin, je commençais à donner une direction à ma vie, car j'avais donné du sens à tout ce bruit intérieur. Je me suis alors investie dans un long cycle de formation avec des profs et des étudiants qui ont bouleversé mon existence. J'adore penser à elle et à tous ces gens qui m'ont donné la permission d'être moi. En réalité, il y en a eu plein ; il y a eu ceux que je ne pouvais pas voir, ceux que je ne regardais même pas, ceux qui l'ont toujours fait, ceux que j'ai payés (des psys) et il y a les permissions que, moi, j'ai fini par me donner.

Et toi ?

Est-ce que des gens t'ont donné
la permission d'être toi ?

Est-ce que des gens t'ont donné
la permission de te croire ?

GAËLLE

PARTAGE AVEC TOI

La première permission que je me suis donnée à moi-même c'est d'accepter que je n'allais pas bien, que je n'étais pas heureuse. À partir de là, j'ai pu reconnaître que j'avais besoin d'aide et j'ai cherché quelqu'un pour m'accompagner. Une fois que j'ai commencé à travailler sur moi et à me choisir, je me suis donné de plus en plus de permissions ; notamment celle de quitter les hommes qui étaient toxiques pour moi, et de le faire vite, sans attendre. Par exemple, j'ai réussi à clôturer une relation avec un homme qui m'avait caché, lors de notre rencontre, qu'il était en couple. Quand il me l'a avoué, deux semaines après qu'on a commencé à se fréquenter, et qu'il m'a promis qu'il était en pleine séparation, je l'ai cru. Puis j'ai compris que ce n'était pas ce que je voulais pour moi, j'ai dit stop et je suis partie ; avant, jamais je n'aurais osé faire ça !

Une autre permission très difficile à me donner a été de faire entrer dans ma vie quelqu'un de gentil, de sain, qui n'est pas un gars à problèmes et qui n'a pas d'ex qui traîne... Au début, c'était très compliqué et inconfortable de dater Rodney, mon mari : ça me paraissait trop calme, trop gentil, trop propre pour moi. Je me disais presque : « Ma vie va être plate, je vais m'emmerder ! ». Je me souviens qu'un soir, au début de notre relation, il est venu me chercher en voiture pour qu'on aille au restaurant. J'allais entrer dans la voiture mais il m'a stoppée puis est descendu pour m'ouvrir la portière. Il a vu que j'avais froid et m'a proposé son écharpe ; ça m'a tellement soûlée ! J'étais en colère contre lui : je ne supportais pas qu'il soit si gentil et attentionné avec moi !

Et puis, il y a eu toutes les permissions que j'ai reçues des autres ; la plus belle vient de ma grand-mère, Émilienne. À travers le regard plein de son amour inconditionnel qu'elle posait sur moi, je me suis sentie aimée, acceptée. Notre relation a nourri mon estime de moi en plus de me donner de belles valeurs. Je me souviens qu'elle me racontait beaucoup d'histoires fantastiques, avec des créatures de contes et des sorcières ; à mon tour, je devenais un personnage de ces histoires, je devenais moi aussi magique. Elle m'a offert une vraie permission d'être libre, de croire en ce que je crois, d'être moi en gardant ma part d'innocence. Elle m'a aussi permis de développer ma créativité : quand j'étais petite, mes parents n'avaient pas le temps de faire beaucoup d'activités avec moi car nous étions nombreux à la maison ; mais quand j'allais chez ma grand-mère c'était comme un centre de loisirs. Par exemple, elle me mettait un petit body et me faisait faire de la gym et de la danse. Je préparais des spectacles et je la forçais à s'asseoir pour tout regarder ! Elle m'a permis de développer mon âme d'artiste.

L'école m'a aussi offert une belle permission, et notamment une professeure en particulier. À l'époque, j'étais en bac professionnel et une de mes professeurs a dit à mes parents de me transférer en filière générale car elle pensait que j'avais le niveau. J'étais paniquée, car j'avais peur d'être complètement à la ramasse, mais j'ai tout donné pour ma première générale et j'ai été première de ma classe. Ma professeure principale a convoqué mes parents pour leur dire à quel point elle était fière de moi et impressionnée. Cette reconnaissance de mes capacités intellectuelles a été une vraie permission pour moi, c'est d'ailleurs pour ça que j'ai choisi ensuite de continuer mes études !

Au niveau professionnel, j'ai reçu une belle permission de la part de Magali Berdah. Grâce à son agence, j'ai pu sortir du monde de la téléréalité, où j'étais seulement une danseuse, une candidate, et je suis devenue une professionnelle qui utilise son image et sa voix à des fins publicitaires et commerciales. Elle m'a offert une vraie structure et un accompagnement qui ont été le tremplin dont j'avais besoin pour prendre mon envol.

Rodney m'a offert une permission magnifique : celle d'être vulnérable. Dans ses yeux, j'ai vu que cette vulnérabilité ne me rendait pas moins aimable, au contraire : il trouve que ça me rend même hyper sexy ! Lui dire « Je ne vais pas bien, je suis triste mais ce n'est pas ta faute », c'était totalement nouveau pour moi (c'est beaucoup plus facile de crier et d'accuser l'autre) mais j'ai compris que ça lui donnait aussi un espace pour être là pour moi, me soutenir.

Aussi, ce livre représente lui aussi une vraie permission. Grâce à cet espace où je partage mon expérience au côté d'une thérapeute que je respecte beaucoup, je reçois la permission de passer encore à un autre niveau, d'être moi à un nouvel endroit, dans un cadre magnifique et dédié à l'amour !

Ces permissions ont marqué le début de mon aventure d'appropriation de mon être mais aussi de ma

responsabilité, que j'avais laissée à d'autres. Car ce que je vivais était tellement dur (j'avais l'impression d'être dans un film dramatique) que je ne voyais aucune autre option que de souffrir et d'endurer ces journées d'une lourdeur écrasante.
Quand j'ai décidé d'aller voir une thérapeute, je me suis créé un vrai espace d'écoute ; c'était le premier pas que je faisais pour **sortir de ma posture de victime**.

Car, quand je souffre, je suis une victime de mon malheur, OK, mais je suis aussi responsable de ne pas chercher à résoudre mon malheur.

C'est très facile de trouver des excuses pour rester dans son malheur. J'*avais* moi aussi les meilleures raisons du monde pour ne pas en sortir, d'ailleurs j'étais persuadée de ne rien pouvoir résoudre : dans ma tête, j'étais condamnée à vivre comme ça !

« Je ne peux pas »
« C'est trop dur »
« On me met toujours des bâtons dans les roues »
« Moi c'est plus compliqué parce que... »

Peut-être as-tu, toi aussi, l'impression de flotter dans une nébuleuse de confusion et de douleur ou bien d'être bloqué·e dans des scénarios répétitifs de souffrance. En partageant mon histoire, je veux te montrer que le chemin, c'est la relation à soi. Je sais que ça t'aidera comme ça m'a aidée. Ma psy m'a permis de voir ma responsabilité dans ce qui m'arrivait et j'aimerais à mon tour t'aider à prendre la tienne grâce à ce livre.

Pour faire un état des lieux de ton niveau de responsabilité face à ta vie, voici deux questions. Pour chacune, il y a trois niveaux d'engagement : observe où tu te situes.

Es-tu engagé·e dans la résolution de tes souffrances ?

a. Pour quoi faire ? De toute façon, seul le temps peut arranger les choses.

b. Je regarde des vidéos YouTube pour me sentir mieux et être moins stressé·e, oui.

c. Je suis en thérapie, je fais régulièrement des formations et je mets mon éveil au centre de ma vie.

Te sens-tu responsable de ta vie ?

a. Je ne suis pas responsable de ce que font les autres, hein !

b. C'est bien de ma faute, je dois avoir un problème quelque part ?

c. Je me demande vraiment comment j'aurais pu faire autrement pour éviter ce *fight*, l'autre jour !

Victime ou responsable ?

Il s'agit d'un des concepts avec lesquels j'ai eu le plus de mal. Cette idée que je suis responsable de tout dans ma vie a pris *beaucoup beaucoup beaucoup* de temps avant que je ne l'intègre. Je ne pouvais pas accepter que mon expérience, les souffrances que j'avais subies – psychologiques, émotionnelles et même physiques – étaient de *mon* fait.

Je n'étais pas d'accord avec cette idée.

Mais, par ailleurs, je n'étais pas du tout à l'aise avec ma posture de victime, car je me sentais alors dépossédée de ma force, fragile. Donc, d'un côté, les autres étaient « méchants » mais, de l'autre, je devais être forte et ne pas leur donner cette puissance (oui : c'était le bazar à l'intérieur ! J'étais en pleine dualité).

« Ce que je vis,
c'est à cause des autres. »

J'avais même une fâcheuse tendance à diaboliser les gens s'ils n'avaient pas été comme j'attendais qu'ils soient : c'était bien plus simple de décréter que tous ceux qui pouvaient me frustrer, me dire non, s'opposer à moi étaient mauvais !

Accepter que l'autre ne soit pas entièrement et complètement responsable de tout demande une grande force.

Mon cerveau rationnel comprend cette idée mais, moi, j'ai fait de la résistance longtemps et j'en fais encore parfois !

En même temps, tu pourrais me dire que l'on ne peut pas être responsable des agissements de l'autre, de sa violence, de ses agressions, de son abandon. Oui, bien sûr, tu n'es pas responsable de ça... mais tu es responsable du fait de rester, de regarder, de te taire et d'accepter.

La responsabilité c'est dur ! C'est grandir, devenir maître·sse de sa vie, la conduire et, parfois, mal faire tout ça.

Être responsable de ta vie, c'est tout simplement récupérer le pouvoir. Rendre les autres responsables de sa vie, c'est le meilleur moyen de **se priver de sa puissance**, de se déposséder de sa vie.

Car si je suis responsable de ce qui ne va pas, je peux faire autrement, je peux penser autrement, je peux sentir autrement ce qui se passe dans ma vie... et j'ai enfin la possibilité de mettre du mouvement dans ma *life* !

EN PRATIQUE
anecdote personnelle

Un soir, lors de notre première année de mariage, je m'attelle à organiser un super repas pour Tarik, mon mari de retour d'un déplacement professionnel. Tarik rentre, très content de me retrouver aussi, et je commence à servir mon cher époux. Au bout de quelques minutes, je me rends compte qu'il ne goûte pas mes entrées. Je lui demande si tout va bien et il m'explique qu'il n'aime ni le chèvre, ni les asperges. J'apporte le plat principal et là, il me dit que la viande c'est un peu lourd pour lui ce soir.
À ce moment précis, très clairement, j'ai envie de le buter. Je boude un petit peu, je finis par faire comme si de rien n'était. Mais un peu plus tard dans la soirée, je finis par exploser et lui envoyer en pleine face : « Je me suis pris la tête pour toi, j'ai cuisiné tout l'après-midi et tu ne daignes même pas goûter ! » Il me répète qu'il n'a pas très faim ce soir, qu'il n'aime pas le chèvre, qu'il est vraiment désolé mais qu'il ne va pas se forcer. Je suis super énervée, vexée et je me dis que ça ne sert pas à grand-chose de faire plaisir à l'autre finalement.
Le lendemain, un peu plus calme, je réfléchis. Je raconte cet épisode à ma thérapeute en lui disant que c'est tout le temps pareil, que j'essaye de faire le maximum, que Tarik ne sait pas apprécier mes efforts et que je finis *toujours* par me vexer ! Je demande à ma psy de m'aider à comprendre ce qui se joue ; elle me regarde avec beaucoup d'attention et me demande ce que j'ai cuisiné. Je lui explique les différents aliments que j'ai utilisés. Elle me répond :

« Je vois que lorsque tu parles de ça tu es joyeuse et très souriante, il y a beaucoup d'énergie.

— Oui oui, j'adore ça et ça me fait hyper plaisir de faire plaisir.

— Donc ça te fait plaisir de cuisiner pour Tarik ?

— Oui, j'avais envie de lui faire plaisir.

— Est-ce que c'est vraiment à Tarik que tu avais envie de faire plaisir ?

— Bien sûr, à qui d'autre ?

— Eh bien, peut-être à toi ? Quand on a envie de faire plaisir à quelqu'un, on s'assure de lui offrir quelque chose qu'il aime. Peut-être que tu aurais pu lui demander de quels plats il avait envie ? »

Bien sûr, je suis hyper énervée contre ma psy mais je ne réponds pas : au fond de moi, j'ai compris que c'est à moi que ça fait plaisir de cuisiner finalement. En reconnaissant ma responsabilité, j'assume d'avoir cherché à ME faire plaisir. Surtout, je récupère le pouvoir : le fait que Tarik n'aime pas mon repas ne peut plus gâcher ma soirée puisque c'était à moi-même que je cherchais à faire plaisir en cuisinant. Il y avait également des enjeux de reconnaissance dans cette histoire de repas, mais ce n'est pas le sujet ici ☺

Comme cette anecdote te le montre, il ne tient qu'à toi de récupérer ton pouvoir et de ne plus te sentir tout·e petit·e dans ta vie. J'ai envie que tu mesures à quel point c'est toi qui décides !

Qu'est-ce que tu veux pour toi ?

Ça y est, tu es maintenant en mesure de récupérer ton pouvoir et de décider pour toi. Mais t'es-tu déjà demandé ce que tu veux ? Attention, je ne parle pas des questions du quotidien type :

- Qu'est-ce que tu veux manger ?
- Qu'est-ce que tu veux faire ce soir ?
- Que veux-tu faire ce week-end ?

Non, que veux-tu *pour toi*, au milieu de ta vie, au milieu de ta course effrénée pour obtenir ce que tu veux ?

Jusqu'à ce que je commence la thérapie, je ne m'étais jamais posé cette question. J'étais mariée, j'avais un boulot, mais en réalité, je ne m'étais jamais demandé si c'était *pour moi* que je voulais tout ça.

Je ne m'étais jamais demandé si j'avais le droit de vouloir quelque chose, si j'avais le droit de vouloir autre chose.

Et c'est ici que tout se joue.
Parfois, on met beaucoup de temps à savoir ce qu'on veut et c'est complètement OK.
Parfois, on ne sait pas ce qu'on veut et il faut chercher à savoir.

Pour moi, le début de la responsabilité c'est de savoir, c'est de connaître.

Savoir ce que tu veux, savoir où tu veux aller, c'est aussi important que les coordonnées que tu entres dans le GPS ; si tu ne connais pas ta destination, tu peux tourner autour du rond-point pendant très longtemps, te perdre sur des routes accidentées.

Avant de se poser cette question, on avance souvent dans la vie pour :

- ✓ faire plaisir,
- ✓ être à la hauteur,
- ✓ répondre aux attentes des autres : de nos familles, de nos amis, de la société.

Parfois, on peut aussi être rebelle et avancer à contre-sens : **contre**

- › **la famille,**
- › **les autres,**
- › **la société.**

Mais quelque part, même en étant rebelle, ce que l'on est, ce que l'on fait et la manière dont on avance dans la vie se construisent à partir de cet environnement.

Alors pose-toi la question : pour qui fais-tu des choix dans ta vie ? Pour t'aider à y répondre, voici trois pistes à explorer :

À quel point suis-je au service des miens, de la société ?

Un peu > beaucoup > complètement

Est-ce que je suis à mon service ?

Un peu > beaucoup > complètement

Qui a tout le pouvoir dans ma vie, qui est au centre ?

Je ne sais pas > pff tellement de gens

> moi et seulement moi

Pour faire grandir ta puissance personnelle, je te propose un petit mantra à répéter par série de trois, trois à cinq fois par jour.

Pour cela, je t'invite à te poser, à allumer une musique qui te permet de rester avec toi, avec tes émotions. Allume une bougie, enveloppe-toi de douceur et de confort et mets-y de l'énergie !

« Je décide que je veux savoir, je veux me savoir. Je décide aussi de la route que je vais prendre et des gens qui vont m'accompagner sur cette route. »

LET'S GO !

Tout vient de toi

L'amour est là, disponible pour tous.
L'amour ne demande qu'à être vécu.
Son désir le plus grand c'est d'être partout, d'habiter les relations des familles pour que nous puissions nous l'approprier et le faire vivre.

Et pourtant nous sommes encore nombreux à croire qu'il est inaccessible, pourquoi ?

Le truc qui est complètement dingue, c'est que notre nature profonde est d'aimer. Aimer, c'est l'évidence, c'est exactement ce pourquoi on est fait·es. Notre pureté originelle, notre authentique innocence nous amène naturellement vers l'amour !
Quand on est là, nourrisson, dans cet environnement familial, ce qu'on veut c'est aimer et être aimé·e en retour, c'est tout. On veut rester dans une bulle de *love* !

Puis, expérience après expérience, tout se complique, tout s'alourdit et on prend des décisions conscientes, et certaines inconscientes, qui nous éloignent profondément de la nature même de notre être.
On ne se rend pas compte de cet éloignement, de la

distance qu'on a installée avec l'amour, de toutes ces émotions que l'on ressent contre l'amour et, *in fine*, nous n'avançons plus en direction de l'amour ou avec l'amour mais contre lui.

Ou plutôt : nous avançons contre le danger dans lequel l'amour nous met.

Il y a énormément d'obstacles entre toi et l'amour ; en observant, en te sensibilisant et en comprenant d'où ils viennent, tu t'approcheras un peu plus de ta destination.
Car c'est bien en allant rencontrer ce que tu évites, ces émotions qui sont trop désagréables, que tu pourras te rapprocher de ce que nous voulons tous le plus au monde : l'amour.

EN PRATIQUE

mais non, ce n'est pas ça le problème !

L'histoire de Dimitri montre que la détresse amoureuse ou les conflits amoureux sont souvent le symptôme d'une mauvaise relation à soi même.
Dimitri, originaire de Russie, est venu me voir parce que la manière dont il vit ne lui convient plus. Il a des problèmes avec son épouse, qui lui reproche d'être très absent, de refuser l'intimité et de passer peu de temps avec ses enfants.
Consommateur de drogues, il s'est décidé à me consulter après un *bad trip* très dangereux où il a failli mourir. Mais Dimitri ne nomme pas vraiment

ses problèmes de drogue : il dit que, parfois, il est un peu dans l'excès.
Il est très triste de voir sa femme malheureuse, il a pourtant l'impression de faire beaucoup d'efforts – il travaille dur pour lui offrir des vacances de rêve – et est convaincu de faire tout ce qu'il peut.
Quand je lui demande s'il a l'intention d'arrêter de prendre de la drogue, il me répond que ce n'est pas le sujet : il veut juste que sa femme soit plus heureuse.
Je lui demande alors s'il pense que prendre de la drogue ne contribue pas à l'éloigner de sa femme. Aussitôt, je le vois paniquer, se raidir, rougir et me répondre sèchement « Pas du tout ».
La séance suivante, Dimitri commence en me disant : « Asmaa, je dois t'avouer quelque chose : j'ai une autre addiction dont je ne t'ai pas encore parlé. »
Il m'avoue avec beaucoup de honte, les yeux dirigés vers le sol, qu'il a besoin d'alcool « peut-être un peu trop souvent ». Il m'explique que pas une journée ne passe pas sans qu'il boive ; il essaye de le cacher mais cela devient très compliqué. Je lui demande pourquoi il me raconte ça.
« Je crois que je dois être honnête avec moi-même. Et je sais que tu ne me jugeras pas ».
Je l'interroge alors sur la raison de cette consommation excessive d'alcool et de drogue. Il me répond qu'il ne sait pas vraiment. Que parfois c'est pour se soulager, parfois c'est pour se divertir. Parfois c'est parce qu'il se sent trop seul. Parfois c'est parce qu'il se sent très très vide.
Je lui propose alors de se poser cette même question : « Pourquoi ai-je besoin de drogue/d'alcool

à cet instant précis ? », en tout cas d'essayer de se la poser, avant de se droguer ou avant de boire. D'un air enjoué, il me répond que c'est tout à fait possible et il s'engage à se poser la question.

La séance suivante, il revient, très enthousiaste, et m'informe qu'à chaque fois qu'il s'est posé la question, il n'a finalement pas consommé d'alcool ou de drogue. Je lui demande s'il a identifié pourquoi et il explique qu'il s'est rendu compte que ça ne servait à rien et qu'il n'en avait pas vraiment besoin. Je lui demande alors s'il est content d'avoir moins consommé que d'habitude, il répond par l'affirmative et je lui rétorque : « Alors tu as envie de moins consommer de drogue ? » Il confirme.
C'était difficile pour Dimitri de sentir sa dépendance, de sentir qu'il était impuissant à cet endroit-là : c'était trop douloureux. Mais en se posant cette question du « pourquoi », en questionnant la raison de cette action, il a compris qu'il avait un peu plus de pouvoir sur la situation.
Il a senti aussi l'importance de ce qu'il était en train de vivre, mais aussi ce qu'il ne vivait pas à cause de ses addictions.
Bien sûr, le chemin sera encore long pour Dimitri mais en rencontrant ses démons, en les observant, il fait un premier pas pour s'en détacher, un pas de plus vers la conscience de lui-même, de sa femme et de ce qu'il veut.
Un pas de plus vers la responsabilité.

Les croyances sur l'amour

On veut l'amour, on veut qu'il nous appartienne, on veut le posséder, on veut qu'il habite chacune des parties de notre existence et, pourtant, on est souvent fâché·es contre lui et parfois même, on le boude.

C'est un peu comme avec l'argent. Ce n'est pas l'argent le problème et ça n'a jamais été l'argent le problème, par contre les gens qui possèdent de l'argent peuvent être un problème. C'est une partie de la personnalité de celui qui utilise l'argent qui est mise au jour, et non l'argent lui-même.
Pourtant, notre rapport à l'argent est rarement réfléchi en ces termes mais plutôt en jugeant l'argent comme un élément problématique.

» **L'ARGENT EST SALE**

» **L'ARGENT PERVERTIT LES GENS**

» **L'ARGENT ABÎME LES RELATIONS**

» **L'ARGENT C'EST LE POUVOIR**

» **L'ARGENT CRÉE DES PROBLÈMES**

Non, l'argent n'est qu'un outil, un moyen que chacun utilise avec ce qu'il est. Dès lors, ce sont les personnes qui le possèdent et l'utilisent (ou non) qui habitent l'énergie de l'argent avec leurs peurs, leurs rejets, leurs colères et leurs attentes !

De la même manière que, si tu n'aimes pas l'argent

pour plein de raisons justifiées et compréhensives, il te sera très difficile d'en posséder et de le faire fructifier, l'amour ne peut habiter un être qui le rejette.
Et toi, quelles sont tes croyances sur l'amour ?

Voici quelques exemples parmi une multitude, complète la liste avec tes propres croyances :

- ✓ L'amour est toujours compliqué
- ✓ L'amour doit être immédiat
- ✓ L'amour est surtout porté sur le physique
- ✓ L'amour fait souffrir
- ✓ L'amour n'existe pas
- ✓ L'amour demande trop
- ✓ L'amour est le moyen de se faire trahir
- ✓ L'amour est un outil de chantage
- ✓ L'amour rend bête, fragile, vulnérable
- ✓ L'amour ne dure que trois ans
- ✓ L'amour ....
- ✓ L'amour ....
- ✓ L'amour ....
- ✓ L'amour ....
- ✓ L'amour ....
- ✓ L'amour ....
- ✓ L'amour ....
- ✓ L'amour ....
- ✓ L'amour ....
- ✓ L'amour ....
- ✓ L'amour ....

Attention : la croyance se présente souvent comme une certitude dans ta tête, elle t'éloigne de l'expérience réelle et de la vraie vie !

Le vrai danger de l'amour, en réalité, c'est quoi ? C'est sentir la solitude, c'est sentir la trahison, c'est sentir la douleur de ne pas être avec l'autre, c'est sentir à quel point ça peut faire mal d'aimer.

Le véritable danger de l'amour c'est de se sentir fragile, de se sentir vulnérable.

Alors, prends bien le temps de décortiquer, de déconstruire ces croyances.

L'amour n'est pas un problème mais, entre certaines mains, il crée des relations douloureuses qui laissent des traces à jamais.

Dans mon cabinet, je vois des gens espérer l'amour tellement fort, le chercher avec tant d'énergie.
Je vois des gens désespérer de ne pas le trouver, des gens en colère contre lui, qui éprouvent de la rancœur. Alors, je me demande comment l'amour, cet élément aussi beau que doux, aussi puissant que délicat, aussi

important que précieux pour chacun, comment cet amour pourrait avoir envie de rentrer dans la vie de quelqu'un·e qui nourrit autant d'émotions négatives contre lui.

Si l'amour était une personne, est-ce qu'il serait d'accord pour être avec toi alors que tu es en rage contre lui ? Est-ce qu'il serait d'accord pour être dans ta vie alors qu'il t'irrite tellement ? Est-ce qu'il serait d'accord pour habiter chacun de tes espaces alors que tu as du ressentiment contre lui ?

Alors, veux-tu faire de tes relations difficiles ta définition personnelle de l'amour ? Ou es-tu prêt·e à revoir la relation que tu entretiens avec lui ?

Je crois qu'on ne mesure pas assez le décalage qu'il y a entre ce que l'on veut et ce que nous sommes en mesure de recevoir. Attention, je ne dis pas que certaines choses ne sont pas pour toi ou que certaines relations ne sont pas pour toi – pas du tout –, je dis que pour les obtenir, il faut avoir la disponibilité que ces relations demandent : une disponibilité d'**âme**, de **temps**, d'**écoute**, de **présence**. Une disponibilité totale, parfois.

Car le type de relation que tu vas avoir va être défini par :

- ✓ la qualité de **ta présence à l'autre** ;
- ✓ la qualité de **ta relation à toi** ;
- ✓ la qualité de **tes conversations** avec toi-même ;
- ✓ la qualité de **tes conflits** avec toi-même.

Il est très important de mesurer que tu es le pilier, la source de ton environnement intérieur et extérieur : c'est toi qui détermines le climat et la qualité du sol dans lequel la graine de l'amour va être semée. Franchement, penses-tu que l'amour a envie d'exister dans un climat chaotique, triste ou colérique ? Qui a envie d'exister dans ce type de climat ?

Personne ne devrait voir l'amour qu'à partir de ses douleurs et ses traumas. L'amour, ce n'est pas que ce que tu as vécu avant, ce que tu as vécu comme blessure, ce que tu as vécu comme douleur. D'ailleurs, était-ce de l'amour ?

L'amour est beau, l'amour est doux. L'amour est important. L'amour a de la valeur, et comme tout élément avec de la valeur, on doit être en mesure de l'apprécier, de le choyer. On doit pouvoir être à la hauteur pour honorer ce qu'il est. On doit être à la hauteur de cet amour.
Je ne dis pas cela pour te mettre la pression ou te faire te sentir petit·e face à l'amour ; bien au contraire, c'est pour te dire que si c'est aussi important pour toi, si tu le veux autant, tu dois le respecter.
Tu dois respecter ce que tu attends, tu dois respecter ce que tu veux.

Welcome, love !

Alors, comment on fait ? Comment on se rend disponible pour l'amour ? Comment ouvrir son cœur à l'amour et à l'autre ?
Comme on l'a vu dans l'étape 1, les trois conditions pour accueillir l'amour sont de mettre de la conscience dans le présent (comprendre), de quitter le passé (faire de la place) et de croire en l'avenir (avoir la foi).

Mais au fond, est-ce que tu aimes vraiment l'amour ?

Il est question ici de considérer ton niveau de lien avec l'amour, de mesurer ton amour de l'amour, mais aussi ton désamour de l'amour !

En regardant comment tu fais exister l'amour dans ta vie, tu peux comprendre ce qui t'en éloigne et ainsi orienter ta relation avec lui !

Regarde toutes tes histoires, celles avec tes amoureux, amoureuses, mais aussi celles avec les ami·es, avec la famille. Comment as-tu accueilli cet amour ? Choisis un chiffre entre 0 et 10. Prends ton temps pour cette estimation.

✓ Ma qualité d'accueil de l'amour : __/10

Quel genre de respect ai-je donné à l'amour ?

› ***Exemple :*** Je considère que l'amour est là ou non, point. Je n'ai pas besoin de faire des efforts : c'est lui qui débarque quand JE veux, c'est tout !

Quel genre de relation ai-je avec l'amour ?

› ***Exemple :*** J'ai une relation plutôt intense avec lui : j'adore l'amour ! Je suis assez obsessionnelle, je l'appelle dans ma vie au moins 25 fois par jour.

Jusqu'ici, est-ce que j'ai pris soin de l'amour ?

› ***Exemple :*** Je le regarde, j'apprends à le connaître, je lui demande s'il a besoin de quelque chose.

Est-ce que je prends soin de l'amour ?

› ***Exemple :*** Oui, je lui fais de la place, je suis hyper attentive à ce qu'il est. Je le remercie, j'ai beaucoup de gratitude pour lui.

GAËLLE

PARTAGE AVEC TOI

Avant le love Programme, l'amour n'avait aucune valeur pour moi. Il était là, tant mieux ; il n'était pas là, tant pis ! Pour moi, c'était un bouche-trou qui remplissait ma vie quand j'en avais envie et le temps. Je voulais un homme, je voulais de la compagnie, de la passion mais l'amour en tant que tel je ne lui donnais même pas l'heure ! Je ne le calculais pas et je ne cherchais pas à savoir d'où il venait, ni ce qu'il voulait.

Je t'ai parlé de respect, je voudrais maintenant te parler de **place**.

C'est le moment où tu t'interroges sur l'ESPACE qu'a pris l'amour dans ta vie. Nous allons regarder à quel rang tu l'as fait exister. Tu pourras ainsi savoir si cela te convient ou non ! Allons-y !
Quelle place as-tu vraiment donné à l'amour ? Parce que jusqu'à maintenant, tu lui as donné une place c'est certain, **mais laquelle ?**

a. Toute la place

Tu es obsessionnel·le, tu vis,
tu manges, tu dors *love* et relation.

b. Aucune place

Tu as plus important à faire,

c'est pas DU TOUT LA PRIORITÉ.

c. La place qu'il veut

Tu ne sais pas, tu ne comprends pas,
tu veux mais tu ne sais (encore) pas.

d. Il a disparu

L'amour ? lol enfin, Asmaa,
de quoi tu parles ?

Cette question te permet de jauger :

	Trop	Pas assez	Pas du tout
La quantité de temps que tu lui accordes			
L'intensité de ton engagement envers lui			
Ta conscience de la place que tu lui donnes			

Je sais : tu as été trahi·e, tu as eu mal, tu as souffert ; tu seras peut-être triste après avoir vu tes réponses… Je sais que chaque histoire vient creuser un petit peu plus à l'intérieur de toi le trou de la solitude dans laquelle tu tombes assez souvent et dont tu as du mal à te sortir.

Je sais, je comprends et je mesure l'impuissance dans laquelle tu peux te sentir. En ouvrant ce livre, tu vises la conscience de toi, de tes relations, du monde et de ton existence au même titre que l'attention que tu portes

à l'eau que tu bois, au vent qui te touche ou encore à la nourriture qui te permet d'être en vie et d'être en bonne santé.
Je t'invite ici à embrasser l'amour et le reconnaître, comprendre qu'il a des demandes, qu'il est fort, puissant et qu'il demande, exige, attend du respect.
Être addict à l'amour avec un grand A est un moyen de découvrir tes besoins ; être allergique à l'amour est aussi un moyen de découvrir tes besoins.
Il n'y a pas de mauvaise réponse, que des prises de conscience.

Après cet état des lieux, je te propose de pousser le curseur un peu plus loin pour développer ta clairvoyance de toi et bien comprendre les mécanismes en jeu quand tu es en relation.

Mesures d'éloignement

Regardons ensemble les comportements qui t'éloignent de l'amour à travers un concept que je trouve très parlant : **les comportements passifs**.

Cette méthodologie est particulièrement efficace car elle permet, grâce à une grille de lecture simple, d'identifier tout ce que l'on met en place pour ne pas résoudre la problématique que l'on traverse.

Souvent, on a l'impression de faire le maximum – parfois

même, d'en faire trop – sans pourtant réussir à mettre fin à ce qui nous tourmente. En réalité, on choisit inconsciemment d'adopter des comportements passifs, des attitudes, qui nous permettent de ne pas trouver de solution, de ne pas obtenir ce que l'on veut.

Pour découvrir la grille de lecture des différents comportements passifs, voici l'exemple d'une situation concrète.

Tu es à une soirée et tu rencontres un homme/une femme qui te plaît beaucoup. Vous échangez et passez des heures à discuter et vous finissez par échanger vos coordonnées.

» **L'ABSTENTION : TU NE FAIS RIEN**

Tu n'écris pas, tu disparais de la relation et, même si l'autre t'écrit, tu ne réponds pas. Tu te dis que, peut-être, il faut se faire désirer, ou encore que ça ne fait pas sérieux de répondre tout de suite.

» **LA SURADAPTATION : TU DONNES CE QUE TU PENSES QU'ON ATTEND DE TOI**

« J'écris quand iel écrit ». S'iel te dit qu'iel est fatigué·e, tu lui réponds : « Je vais te laisser te reposer ».
Tu lui donnes et lui dis ce que tu imagines être son besoin.

» **L'AGITATION : TU T'IMPOSES, TU ENVAHIS L'AUTRE, TU EN FAIS BEAUCOUP, TU T'AGITES**

Tu vas lui écrire, l'appeler, lui réécrire et la ou le rappeler. Tu as décroché avant même qu'iel appelle et tu sens que c'est très difficile pour toi de te contenir, de te retenir.

» **LA VIOLENCE OU INCAPACITATION : TU RETOURNES LA PULSION CONTRE TOI-MÊME, OU CONTRE L'AUTRE**

Au moment où iel t'appelle, tu vas lui rappeler que ça fait déjà deux jours que tu attends et que si iel n'a pas de temps pour toi, ce n'est pas la peine. Tu peux aussi avoir une énorme fièvre et être cloué·e au lit !

Les comportements passifs sont, bien entendu, construits à partir de notre histoire personnelle, mais je ne vais pas détailler ici les multiples raisons qui peuvent en être la source.

Pour le dire autrement, si tu n'as pas ce que tu veux aujourd'hui, peut-être que c'est parce qu'une partie de toi t'empêche de l'obtenir.

Je t'invite à utiliser cette grille de lecture afin d'observer ce que tu mets en place pour ne pas obtenir ce que tu veux. Prends ton petit carnet !

En observant ta vie amoureuse passée et présente à partir de cet outil des comportements passifs, tu reconnais ta responsabilité et tu obtiens une belle vision de ce que tu crées pour t'éloigner de ton objectif.

Tu l'as bien compris, ce chapitre t'oblige à te questionner sur ta responsabilité !

Ta responsabilité individuelle dans le fait de résoudre les problèmes de ta vie et, en particulier, de résoudre tes problèmes affectifs et relationnels en amour. Il y a en toi un véritable combat entre deux énergies très contradictoires : d'un côté, le désir et la volonté qui veulent te mener à ton objectif ; de l'autre, la peur du changement, le sabotage qui t'éloignent de cet objectif.

Il est très difficile de mesurer cette ambivalence à l'intérieur de nous. À travers ce chapitre et les différents exercices, l'objectif est juste de l'observer, de la voir et de mesurer sa place à l'intérieur de toi. Pour mettre au jour ton désamour de l'amour mais aussi ta propre définition interne de l'amour. Celle-ci t'appartient et tu peux la modifier, la faire évoluer quand tu le souhaites afin de clarifier ce que tu veux et ne veux pas, ou plus. J'espère que ce chapitre t'a intéressé·e et est venu nourrir ta curiosité envers toi-même. S'il t'a frustré·e, tant mieux ! Car la frustration est une magnifique invitation à grandir.

ÉTAPE 3

ACCUEILLE TES CONTRA-DICTIONS

Toi et ton ambivalence

Avant de débuter

Je te rappelle ce qu'on a fait jusque-là :

- ✓ On a nettoyé et fertilisé ton terrain pour que tu puisses accueillir toutes les graines qu'on y sème ensemble ;
- ✓ On a porté notre attention sur l'ampleur et l'infinitude de l'amour ;
- ✓ On a rendu sa noblesse à l'amour ;
- ✓ On a mis de la lumière sur ta responsabilité.

L'objectif est de transformer ton espace intérieur en un nid douillet et confort dans lequel pourront grandir tes nouvelles idées de l'amour ; cet endroit cocooning est à créer à partir de ce dont tu as besoin, de ce que tu aimes, pour être au plus près de toi. Tout le travail que tu fais en lisant ce livre y contribue car il permet de réveiller des souvenirs, des mémoires, des parfums qui t'invitent à être plus proche de toi, plus proche de ta réalité intérieure.

Ne néglige pas l'espace et le temps dont tu as besoin pour lire chaque chapitre et répondre aux questions. Prends le temps qu'il te faut et n'hésite pas à faire des pauses, y revenir et parfois les mettre de côté pendant plusieurs jours, plusieurs semaines, parfois même plusieurs mois. Tout est OK. Respecte le rythme qui est bon pour toi ☺

Savoir ne suffit pas

Est-ce que tu sais faire un gâteau au chocolat ? Quand on se lance dans la préparation d'un gâteau – peu importe lequel –, on sait à peu près comment procéder. On a une recette, qui détaille les étapes et les quantités, ainsi que les ingrédients, mais parfois, même en suivant toutes ces indications, on se trompe et le résultat final ne ressemble pas à ce qu'on voulait. Pourquoi ? Parce que, dans la préparation d'un gâteau au chocolat, il n'est pas seulement question de recette et d'ingrédients, il est aussi question :

› **du coup de main**

› **de l'habitude**

› **de l'aisance**

› **de l'amour du chocolat**

Ce savoir-faire s'acquiert uniquement avec l'expérience, avec le temps, avec la répétition de ce que nous avons à faire. Et c'est pour cela que la transmission de nos anciens est si précieuse ! On peut avoir l'impression que, grâce à l'information – qui est de plus en plus facilement et rapidement accessible –, on peut tout faire et que tout n'est qu'une histoire de connaissance.

En réalité, l'information n'est pas utile sans pratique, sans conscience, sans travail, sans discipline et sans intégration. Même pour un bon gâteau au chocolat.

La preuve : tu sais ce qui est bon ou pas pour toi mais ça ne t'empêche pas de continuer à faire des choses qui te font du mal. Tu sais de quoi il faut te rapprocher pour aller mieux et de quoi il faut t'éloigner pour aller mieux, pourtant, ce n'est pas pour ça que tu le fais.

La connaissance nourrit ton mental, c'est un moyen de te sentir puissant·e, un moyen de te sentir intelligent·e, mais la connaissance ne te rend pas heureu·se. La connaissance est un moyen de faire grandir ta pensée, seulement ta pensée.

Je ne cherche pas à réduire son impact, ni à la minimiser : la connaissance est une nécessité pour ton évolution.

C'est essentiel d'apprendre, de se nourrir et de comprendre mais ici, sur cette question qu'est l'amour et la relation amoureuse, savoir ne suffit pas. Regarder des documentaires, lire des tas de livres sur le sujet ne suffit pas.

Et savoir que savoir ne suffit pas (tu as capté ?) marque pour toi le début d'un chemin de conscience.

EN PRATIQUE

je veux rester étudiante !

Dans le cadre de nos séances, Émilie a exprimé le souhait de devenir financièrement indépendante. Elle ne travaille pas mais participe à de nombreuses formations depuis toujours ; chaque année, elle en suit deux ou trois. Malgré le nombre incalculable de diplômes et certifications qu'elle a obtenus dans le domaine de l'accompagnement de personnes, elle trouve toujours le moyen de se dévaloriser.

Devant cette impasse « je veux travailler, mais je ne me sens pas encore capable de travailler complètement, je préfère me former », j'ai proposé à Émilie de faire une expérience : je lui ai demandé d'arrêter les formations pendant au moins un an. L'objectif est multiple :

- libérer un espace pour qu'elle puisse davantage se sentir et être plus proche d'elle-même ;
- identifier la raison pour laquelle elle ne parvient pas à quitter ce statut d'étudiante pour accéder au statut de professionnelle indépendante ;
- mettre en pratique tout ce qu'elle a appris au cours de ses multiples formations.

Le projet ne l'enchante pas, toutefois, elle en comprend l'intérêt et accepte ma proposition. Très

vite, elle commence à sentir de l'inconfort, ses angoisses d'argent remontent ainsi que sa peur d'être indépendante. Finalement, Émilie s'inscrit à une nouvelle formation au bout de quinze jours.

Cette expérience lui a permis de faire la lumière sur les différentes raisons pour lesquelles elle voulait rester étudiante. Elle a compris que ces formations viennent nourrir son besoin de sécurité : être sur les bancs de l'école lui permet de garder le contrôle en restant dans un univers familier. Aussi, elle a pris conscience qu'elle se sent encore trop petite à l'intérieur d'elle pour se lancer en tant que professionnelle.

La connaissance apportée par ses formations lui permet donc de rassurer son mental, d'être dans sa tête, mais si cela lui donne parfois un peu plus de confiance, ça ne la rend pas plus heureuse.

Si je te parle d'Émilie, c'est pour illustrer notre tendance à croire que l'on sait avec sa tête alors qu'une grosse partie de **ce qui se joue en nous n'est pas accessible par la seule pensée.** Notre corps nous transmet de nombreuses informations par des signaux parfois subtils : il ne tient qu'à nous de les écouter !

Les connaissances et le savoir sont là pour t'aider à mieux sentir : ce sont des outils, des moyens et non une fin en soi !

Dorénavant, je te propose de porter ton attention sur tes sensations physiques – sens-les, note-les, sois attentif·ve aux messages de ton corps – que tu éprouves à la lecture de ce livre.

Voici quelques pistes pour repérer les signaux de ton corps :

» **Est-ce que ta gorge se serre ?**

» **Est-ce que ton cœur bat plus vite ?**

» **Est-ce que tu as des frissons ?**

» **Est-ce que tu oublies ce que tu viens de lire ?**

» **Est-ce que ta tête fait mal, est-ce que tu ne comprends rien ?**

Rassure toi, lorsque tu lis, sans que tu t'en rendes forcément compte, une partie de toi enregistre des informations qui reviendront quand ce sera le bon moment. Même si tu as l'impression de ne pas tout comprendre, les graines sont bien semées !

Tu veux ou tu veux pas ?

Tu ne peux pas dire qu'entre toi et l'amour, il n'y a que du désir et de l'affect positif, ce n'est pas vrai. Si c'était le cas, tu ne lirais pas ce livre et tu vivrais actuellement une relation à l'amour qui te convient.

Je sais que tu veux l'amour et que tu es convaincu·e de tout faire pour l'avoir. Mais si ce n'est pas le cas aujourd'hui, c'est qu'il y a un endroit de toi qui lutte contre l'amour. Ça veut dire qu'entre toi et l'amour, il existe un espace qui est vide de compréhension, vide de conscience. Un espace qui refuse, rejette l'amour.

En clair, il y a une partie de toi qui ne veut pas ce que tu sembles vouloir !

Je te propose d'explorer l'espace invisible entre toi et l'amour, cette zone qui accueille énormément d'informations, et pleine de bugs et de messages pas très clairs, parfois même contradictoires !

Dans cet espace rempli d'informations, il y a :

» **des informations qui te disent que tu veux l'amour, elles nous informent de ton désir ;**

» **des informations qui nous donnent l'indication que tu ne veux pas de l'amour, que tu le rejettes, que tu n'es pas prêt·e à l'accueillir.**

Il est impossible de faire fonctionner la machine avec autant d'informations contradictoires, voire opposées. Honnêtement, cela me paraissait extrêmement difficile à comprendre au départ : je veux quelque chose, j'y pense toute la journée, j'y mets toute mon énergie et, pourtant, je ne l'obtiens pas. Cette idée qu'une partie de moi n'est pas d'accord avec ça, qu'une partie de moi refuse ce que **MOI je veux a été difficile à intégrer.** C'est le moment où tu te demandes de quoi je parle, si c'est valable pour tout le monde, si, toi aussi, tu as une partie de toi qui vit secrètement à l'intérieur et prend ses propres décisions. Eh bien, la réponse est oui ! Nous avons tous une vie secrète à l'intérieur de nous et, parfois, des bribes de cette vie se manifestent dans notre réalité, sans qu'on en comprenne grand-chose.

As-tu déjà entendu parler des actes manqués, des lapsus, des rêves ? Ce sont des moyens pour notre inconscient de communiquer avec nous et de manifester nos désirs refoulés, d'après Freud.

GAËLLE

PARTAGE AVEC TOI

Avant le love Programme, je n'étais pas du tout connectée à mon inconscient. J'avais découvert ce mot dans un bouquin au lycée en cours de philo mais, honnêtement, je n'en avais rien à faire – Freud et ses copains me cassaient la tête plus qu'autre chose !

L'un des messages dont je me souviens m'est arrivé lorsque j'étais dans ma relation qui a duré quatre ans – et qui a été la pire : avec ce gars, on n'arrêtait pas de se séparer, j'emménageais chez lui, je partais, je revenais, je repartais. Un jour que je suis sur l'ordinateur – à l'époque on les partageait encore –, je fais du tri dans les dossiers et j'en vois un intitulé « Vacances Tunisie anniv BB ». Je pense tout de suite à nos vacances en amoureux mais je me rappelle qu'on n'a pas fêté mon anniversaire. Curieuse, je clique et BIM : je découvre des photos de mon mec, en vacances en Tunisie, avec une meuf qui n'est pas du tout moi. Je regarde la date ; elles ont été prises deux mois plus tôt. Et là, je percute que je connais cette fille : j'étais présente la première fois qu'il l'a rencontrée, c'était dans la loge d'un défilé auquel je participais. Sur le moment, j'avais senti un truc chelou entre eux mais j'avais mis de côté cette intuition… en fait, c'était ce jour-là qu'il avait pris son numéro. Quand j'ai découvert les photos, je suis vraiment tombée des nues : c'était la première fois qu'il me trompait et, jamais je n'aurais pensé à fouiller dans ses dossiers pour vérifier qu'il était clean !

Parfois, j'arrivais quand même à écouter les signaux : par exemple, une année, à Noël, j'étais invitée avec mon copain – toujours le même – chez mes parents. Il m'avait dit qu'il ne pouvait pas venir car il devait bosser à la maison ; j'arrive devant chez mes parents et j'ai soudain une sensation bizarre. Comme si j'avais oublié quelque chose d'important à la maison et qu'il fallait que je rentre tout de suite. Je fais demi-tour aussitôt et j'arrive devant chez nous. Pas de voiture dans l'allée, pas de lumière, le chien est couché à l'intérieur ; je rentre, tout est éteint. Je me dis : « Merde, il est où ? Il devait bosser ici ! ». Je regarde dans la maison, je ne vois personne. Je vais dans la chambre et, là, je retrouve le lit défait et une paire de boucles d'oreilles sur ma table de chevet. J'appelle son numéro, encore et encore, il ne répond pas. Finalement, il décroche et me dit que c'est à une copine, qu'il les a juste posées là, que c'est rien du tout. Je ne l'ai bien sûr pas cru… mais je ne l'ai pas quitté pour autant.

Plus j'ai travaillé sur moi et plus j'ai appris à écouter mon inconscient, à suivre mes intuitions. Il m'a notamment aidée à découvrir le vrai visage du mec avec qui j'étais juste avant le Love Programme. Notre relation se passait bien et le gars était vraiment super, il m'inspirait confiance. Il se vantait souvent qu'il avait beaucoup d'argent, qu'il vendait des tableaux à des milliers d'euros, qu'il aidait financièrement ses parents ; chaque fois, il m'invitait dans de beaux restaus et des hôtels de luxe. Et puis, un jour, j'ai un problème de transfert d'argent : la somme que je devais recevoir est bloquée alors que je dois booker un billet d'avion pour un rendez-vous professionnel. À ce moment-là, j'aurais pu m'adresser à des amies, décaler mon départ ou négocier une avance auprès de la marque avec qui je bossais, ça aurait été beaucoup plus facile et confortable pour moi car ce n'est pas du tout mon genre de demander de l'argent à un mec, encore moins au mien ! Mais non, sans trop savoir pourquoi, je décide de lui demander – après tout, ça fait un an qu'on est ensemble, il peut m'avancer et je le rembourserai dès que le transfert sera débloqué. Mais dès que je formule ma demande, le gars bégaye, hésite... puis il disparaît. littéralement. Ghosting complet. J'ai découvert par la suite que c'était un mythomane. Qu'il m'avait menti sur toute la ligne, qu'il n'avait pas une énorme villa en province mais qu'il vivait chez sa mère, que sa boîte n'existait pas.

Je me souviens aussi d'un acte manqué assez drôle (enfin, pas très drôle sur le coup) ! J'avais un rendez-vous pour un gros contrat à l'extérieur de Paris et je décide donc de m'y rendre en voiture. Je descends de chez moi, je dépose mes affaires dans le coffre et là, je jette la clé de la voiture avec et je ferme le coffre. la clé est bloquée dans le coffre qui se verrouille de l'intérieur : résultat, je suis bloquée. le message était très clair : une partie de moi ne voulait pas travailler avec cette entreprise !

Aujourd'hui, j'écoute beaucoup plus mon inconscient et, surtout, je lui parle, j'essaye de comprendre ce qu'il veut me dire. C'est plus simple et confortable que de passer par les actes manqués ou les lapsus ! J'ai compris que c'est comme une boîte secrète remplie d'informations sur moi, une boîte que je peux ouvrir quand je le souhaite. C'est très facile : je lui pose des questions, je pose des intentions, et je reçois toujours des réponses claires. Je suis très attentive aux signes, à ce qu'on appelle les « coïncidences « ; les réponses viennent aussi sous la forme d'images, de prénoms, d'odeurs *ou de souvenirs. En tout cas, le hasard n'existe plus pour moi, et chaque fois qu'il y a quelque chose qui coince, je ne force plus et je change de plan.*

Enfants comme adultes, nous baignons toustes dans un monde de perceptions, de sensations et d'interprétations. Cette multitude de stimulus n'arrive pas en intégralité jusqu'**à notre conscience** et c'est dans notre inconscient que nous les y stockons ; sans le savoir, sans conscience, sans présence.

Parfois, **notre inconscient nous joue des tours**, c'est vrai, mais d'autres fois, **il nous révèle des informations très importantes concernant les raisons pour lesquelles nous n'avons pas ce que nous demandons ou ce que nous espérons.** Grâce à lui, et si on apprend à rentrer en contact avec lui, on peut obtenir des réponses très surprenantes.
Je t'invite donc à aller **explorer cet espace et à mettre au jour ces contradictions**. Je ne vais pas te vendre du rêve en te disant que tu vas trouver toutes les réponses dans ton inconscient, mais je vais t'aider à te situer. Ensemble, on va gratter à l'intérieur de ce monde invisible, creuser et regarder les informations contradictoires qui s'y sont nichées.

EN PRATIQUE
quand je dis oui alors que c'est non

Safia, 33 ans, est une styliste très douée. Elle arrive un jour en consultation avec une sensation d'inconfort et de la colère contre elle-même. Elle est contrariée d'avoir rendu une commande quinze jours après la date prévue et d'avoir conçue une robe pas du tout fidèle à la demande de la cliente : elle s'en veut et ne comprend pas pourquoi elle a mal fait cette robe, qui fait pourtant partie de sa collection et qu'elle a fabriquée des dizaines de fois !

Je lui demande comment elle explique cette erreur et si, d'après elle, elle aurait pu faire autrement. (Parce que ça arrive de se tromper, hein ! Même si je n'aurais pas aimé être à la place de la cliente qui attendait la robe pour le mariage de son frère.)

Elle m'explique alors qu'elle n'a pas fait attention aux délais et qu'elle n'a pas ouvert les messages de la cliente, ce qui explique qu'elle a manqué la date de livraison.

Connaissant son professionnalisme, je lui demande pourquoi et elle s'agace. Lorsque je veux savoir si elle se sent en colère, elle me répond : « Oui, cette cliente m'énerve, elle m'irrite, elle est hautaine. Elle pense que je suis son chien ! »

Nous avons bien sûr regardé ce qu'elle projetait sur la cliente et ce que l'attitude de cette dernière venait réveiller chez elle. Mais ici, on peut déjà voir les deux niveaux en jeu dans l'attitude de Safia :

» **à un premier niveau, visible, elle se sent coupable et en colère contre elle-même ;**

» **à un autre niveau, moins apparent, Safia ne souhaitait pas faire cette robe car elle n'appréciait pas la cliente. Elle a accepté cette commande malgré cela... et cette partie qui refusait de faire la robe l'a empêchée, de façon inconsciente, d'aller jusqu'au bout.**

Alors, oui, parfois, nos actions sont des messages de notre inconscient, elles reflètent des choses pas très visibles à l'œil nu ! Est-ce que tu vois où je veux en venir ? Si tu as un problème (dont tu n'as pas connaissance, c'est bien le sujet) **avec ce que tu veux**, ça ne peut pas bien fonctionner.

Mais parfois tu n'es pas au courant que tu as un problème avec ce que tu veux, tu le découvres justement parce que tu ne l'obtiens pas ! Une partie de toi dit « + », l'autre dit « - » : le résultat c'est que ça coince ! Maintenant que tu es conscient·e de ce monde invisible entre toi et l'amour, **où il n'y a pas que du désir**, il est temps de comprendre pourquoi cette partie-là dit « non » alors que tu voudrais dire « oui ».

Il était une fois un·e enfant

Un jour, une petite fille ou un petit garçon a décidé, dans un moment de grand désespoir, parce qu'elle ou il était fâché·e, triste, frustré·e contre papa ou maman ou encore un·e autre adulte qui est à ce moment-là un substitut parental, de ne plus jamais aimer ou de ne plus jamais attendre l'amour, comme iel le faisait jusqu'à maintenant.
À l'époque, ce·tte enfant a été profondément blessé·e, iel s'est senti·e rejeté·e et a donc fait ce qu'ielpouvait pour ne plus sentir sa souffrance, pour se protéger de cette insupportable sensation. Ce·tte enfant a pris une décision qui s'est inscrite à l'intérieur de son inconscient et dont iel ne peut pas se souvenir.

Cette décision est devenue une sorte de ligne de conduite qui la ou le dépasse complètement.

Parfois, grâce à l'amour et aux retours de notre entourage qui se plaint de notre attitude, de notre désintérêt, on peut être invité·e à aller comprendre et chercher l'origine de notre comportement actuel : ç'a été le cas pour Claudio.

EN PRATIQUE

je n'attendrai plus

Je me souviens de cet homme qui ne comprenait pas pourquoi sa femme se plaignait qu'il n'était pas assez présent ni concerné par sa famille. Elle lui reprochait de ne pas faire attention à son rythme ni à celui des enfants. Autant vous dire que Claudio ne comprenait rien du tout aux plaintes de sa femme : il vivait la situation avec beaucoup de tristesse et d'impuissance. De son côté, il avait le sentiment de faire tout ce qui était en son pouvoir pour rendre la vie de sa femme la plus simple et la plus facile possible. Mais sa femme n'avait pas besoin d'un homme qui lui facilite la vie : elle avait besoin d'un homme qui soit présent avec elle et qui soit à l'écoute de ses besoins.

J'ai demandé à Claudio si elle était la seule à lui faire ce genre de remarques. Il a réfléchi un peu et m'a répondu que son frère aussi était fâché contre lui : il le trouvait hautain et arrogant.
Lorsque je l'ai interrogé sur les raisons pour lesquelles son frère pensait cela, Claudio m'a raconté plusieurs anecdotes où il avait « oublié » des moments importants pour son frère (compétition de tennis, anniversaire de son neveu...), ce qui avait conduit ce dernier à s'éloigner.
Très ému et profondément triste, Claudio m'a alors avoué qu'il ne savait pas pourquoi il agissait comme ça ; il se sentait hyper frustré car il notait pourtant ces événements dans son agenda et avait sincèrement envie d'y participer !

Au fur et à mesure des séances, il a pris conscience qu'il passait beaucoup de temps sur son téléphone, beaucoup de temps à voyager : il était souvent là sans l'être vraiment. Absent.
Il ne voyait pas ça auparavant et ç'a commencé à vraiment le déranger. En regardant un peu plus loin dans son histoire, il m'a confié qu'il avait passé son enfance à attendre son papa – qui travaillait à l'usine –, qu'il se sentait très seul et que le temps lui semblait infini car il était toujours dans cette attente. Il m'a aussi avoué qu'il était fortement habité par la peur que son papa ne rentre pas, qu'il ne rentre plus jamais. Il voyait sa maman très inquiète de ne pas pouvoir faire manger sa famille : les problèmes d'argent prenaient beaucoup de place.
Aujourd'hui, Claudio est architecte, il a sa propre agence et gagne très bien sa vie avec des projets qui le passionnent et nécessitent des déplacements. Il me dit avec une grande émotion que, tout petit déjà, il voulait gagner beaucoup d'argent pour que les finances ne soient plus jamais un problème. Cette décision de vivre confortablement était consciente : il était habité par une forme de vengeance contre l'argent !

Pour se préserver de la tristesse, Claudio a probablement pris une autre décision, moins apparente, quelque chose comme : « Plus jamais je n'attendrai qui que ce soit, je ne veux plus être déçu et triste d'attendre ». Depuis, Claudio n'attend plus, il n'attend plus personne, mais du coup tout le monde court après Claudio (sa femme, ses amis, ses enfants) : il a reproduit malgré lui le schéma de l'environnement dans lequel il a grandi avec son papa.

Jusque-là, il n'avait aucune idée que cette décision venait de lui, qu'elle pouvait poser un problème. Il n'avait aucune idée qu'il pouvait être aussi important pour sa femme et pour ses enfants, parce qu'il n'a jamais eu le sentiment d'être important pour son papa. Cette décision qui est née au milieu de la douleur, au milieu de la souffrance, au milieu du désespoir a un impact aujourd'hui dans sa vie actuelle. Insidieusement, elle s'immisce dans sa relation à l'amour avec l'idée qu'aimer c'est dangereux, ça fait trop mal !

Claudio répare petit à petit ce garçon qui n'existe plus dans le présent mais qui pourtant habite encore son âme. Il travaille à redécider à partir de l'adulte qu'il est aujourd'hui, pour pacifier, à son rythme, sa relation à l'amour.

Il est important ici de préciser qu'il s'agit d'**une décision d'enfant, avec sa réalité d'enfant, son interprétation et sa perception d'enfant.** Un jour, l'enfant a décidé dans ses émotions, dans son corps, de mettre un gros STOP à l'amour ! **C'est pour cette raison que l'attitude de l'adulte peut paraître puérile.**

Tu me suis ?
Tu as des souvenirs qui te reviennent ? Des émotions qui remontent ?
Tu te sens confus·e ? Tu as du mal à comprendre ?
Tout est normal, rassure-toi, parfois ça prend un peu de temps. Laisse venir, laisse-toi ressentir, sans jugement !

Quels souvenirs évoquent en moi l'histoire de Claudio ?

....

....

....

....

....

....

Qu'est-ce que je sens dans mon corps à cet instant ?

....

....

....

....

....

....

Ces décisions sont prises dans un espace de grande détresse, où les émotions sont très intenses. Surtout, elles sont prises avec une grande dureté ! Elles sont tellement importantes pour l'enfant que, des années après, elles continuent d'influencer la vie de l'adulte.

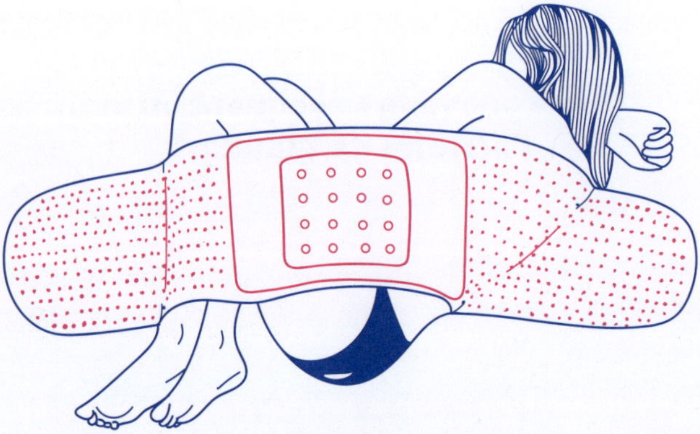

Si je résume : une décision que tu as prise lorsque tu avais trois, quatre, cinq ou six ans influence aujourd'hui ta vie amoureuse !

Repérer les informations contra-dictoires

EN PRATIQUE

épouse-moi...ou surtout pas !

La maman de Julia lui a répété toute son enfance et son adolescence que c'était très important de se marier. Très malheureuse avec le père de Julia, elle se disait que le mariage de sa fille viendrait « nettoyer » le mariage catastrophique qu'elle-même vivait, lui permettant de prendre une sorte de revanche. Elle se plaignait toujours de son mari, qui était très beau ; c'est un détail important, parce qu'elle disait souvent à Julia qu'il ne fallait surtout pas épouser un bel homme, car « quand on épouse un homme beau, on l'épouse pour les autres femmes ».

Elle transmettait donc à sa fille deux messages contradictoires :

- Marie-toi ma fille !
- Il ne faut pas se marier : c'est dangereux et ça rend malheureu·se

Julia a vécu cinquante ans avec un homme très beau sans jamais se marier. Elle aurait bien voulu, mais elle a choisi un homme pour qui le mariage n'était pas une option.
On peut supposer que pour répondre aux messages contradictoires de sa maman, elle a réussi à construire une relation solide qui a perduré... mais sans jamais se marier.

Ces messages contradictoires qui coexistent en nous sont importants car ils sont actifs dans la construction de notre relation avec l'amour.

En thérapie, on les découvre un à un et on prend le temps – c'est pour ça que c'est long ! – de les mettre au jour afin de :

› **sentir la douleur de l'enfant**

› **la remettre à la bonne époque**

› **et, enfin, redécider à partir de qui nous sommes aujourd'hui, à partir de notre Adulte.**

Autant vous dire qu'il s'agit de messages qui pèsent lourd, qui prennent beaucoup de place et qui ne sont pas accessibles à première vue.

Tu n'aimeras pas !

Pour t'aider à sentir un peu mieux les messages contradictoires qui agissent en toi, je te propose d'utiliser un outil créé par le couple de thérapeutes Bobby et Mary Goulding. Ils ont établi une liste de douze injonctions que l'on reçoit dans notre enfance (avant six ans) au contact desquelles l'enfant va prendre ses décisions.

Parmi ces messages inhibiteurs, j'en ai sélectionné quatre : il s'agit de ceux qui me paraissent avoir le plus d'impact dans notre vie amoureuse.

Je te rappelle que ces messages inconscients ne sont pas dits mais qu'ils sont montrés. Cela se passe à un niveau non verbal : nos parents nous transmettent inconsciemment ces « demandes » à travers leurs actions, leurs attitudes.

L'idée n'est pas ici de blâmer ou juger les parents mais de mieux voir, mieux comprendre, mieux percevoir les différents messages qu'ils t'ont transmis et qui agissent aujourd'hui en toi.

Je t'invite à quitter la colère, si tu en ressens, pour te rapprocher de la curiosité envers les communications visibles et invisibles que tu as pu recevoir dans ton enfance.

Ne sois pas important·e

Profil de parents : papa, maman ou les deux sont préoccupés par leur travail, la logistique de leur vie, leur amis, leurs familles et tu as toujours le sentiment de passer en dernier. Ils ont plus « important » à faire, ils sont débordés par « ces grandes et importantes » choses.

Exemple : iel répond au téléphone pendant le repas ou au moment de ton coucher.

Conclusion de l'enfant : le monde, les gens, les *to do list* sont plus importantes que moi.

Type de décision : « Je ne dérangerai plus jamais personne. » Ou, a contrario, « Je serai le centre de tout ».

Ne ressens pas

Profil de parents : papa, maman ou les deux sont efficaces, dans l'action, mais s'expriment peu, voire pas du tout émotionnellement.

Exemple : un copain ou une copine t'a contrarié·e très fort. Tu étais très triste quand maman est venue te chercher, tu sanglotais. Devant ta détresse, elle t'a demandé de bien te tenir et d'arrêter de pleurer.

Conclusion de l'enfant : c'est mal de ressentir des émotions et de les montrer !

Type de décision : « Je ne dois rien ressentir. »

Ne fais pas confiance

Profil de parents : papa, maman ou les deux sont très généreux et prêtent souvent de l'argent à la famille ou aux amis, qu'on ne leur rend jamais.

Exemple : tu assistes régulièrement à de bruyantes et difficiles discussions concernant des trahisons financières, tes parents sont tristes et ne comprennent pas pourquoi on ne leur rend pas leur argent.

Conclusion de l'enfant : il ne faut rien prêter, les gens sont des menteurs.

Type de décision : « Je ne croirai plus en ce qu'on me raconte. »

Ne sois pas proche

Profil de parents : tes parents ne dorment pas dans le même lit, ils ne dînent que rarement ensemble, ils ne fréquentent pas grand monde et n'aiment pas recevoir. Ils sont peu démonstratifs et restent physiquement à distance.

Exemple : tu tends la main à ton père pour aller au parc, il l'évite et met la sienne dans sa poche.

Conclusion de l'enfant : c'est mieux d'être tout seul.

Type de décision : « Je ne m'approcherai plus de qui que ce soit. »

N'aie pas de plaisir

Profil de parents : papa et maman travaillent beaucoup, ne sortent pas en dehors des obligations. Ils rient peu, voire pas du tout. Ils sont silencieux et font rarement la fête.

Exemple : la voisine vient chez toi pour t'inviter pour un après-midi jeu avec ses enfants, tes parents lui répondent que tu dois faire tes devoirs.

Conclusion de l'enfant : il faut faire des choses sérieuses et importantes, je n'ai pas le temps de m'amuser.

Type de décision : « Je ne perdrai plus mon temps à jouer. »

GAËLLE

PARTAGE AVEC TOI

Cette étape du Love Programme m'a permis de comprendre à quel point les messages contradictoires hérités de ma famille m'empêchaient d'atteindre l'amour. Les principaux messages que j'ai identifiés sont : « Ne sois pas proche », « Ne fais pas confiance » et « Ne ressens pas ».

Avant, ces « non » à l'amour étaient difficiles à sentir car c'était pour moi la norme : je n'avais jamais été fusionnelle et je ne mettais pas mes relations au centre de ma vie. C'était tout à fait OK pour moi d'être à distance des gens et des mecs, je pouvais switcher, me détacher sans problème, sans vraiment souffrir du manque d'amour. Je voulais surtout un « mec de compagnie » : quelqu'un avec qui m'amuser, sortir, kiffer ; le délire mariage, enfants, famille, c'était pas du tout pour moi ! En même temps, je souffrais dans ces relations superficiels : je ne comprenais pas pourquoi je me sentais aussi seule. Je ne comprenais pas pourquoi les mecs me faisaient remarquer que j'étais distante, que je n'exprimais pas mes émotions, que je ne m'ouvrais pas à eux. Comme je n'avais pas confiance en eux – de toute façon, vu qu'ils ne savaient pas grand-chose sur moi, comment auraient-ils pu vraiment me connaître ? – je ne les écoutais pas et ils finissaient par me tromper avec des filles qui, elles, étaient dans l'intimité. C'est surtout grâce à mes copines que j'ai pu sentir ce « ne sois pas proche » ; avec elles, j'avais une relation beaucoup plus profonde et, *forcément, elles ont commencé à m'en mettre plein la tronche ! Elles m'ont montré à quel point je mettais de la distance, je disparaissais, je les quittais dès qu'il y avait de l'intimité entre nous. Comme je les respectais énormément et que je les aimais, je les ai écoutées ; avec elles, j'ai appris la confiance, la vraie intimité émotionnelle, et à ressentir.*

Je t'invite à regarder si ça te parle, si tu as reçu ces messages, peut-être un, peut-être deux, peut-être tous.
Note dans ton carnet les souvenirs que ces exemples t'évoquent. Dans quelles conditions, dans quelles circonstances est-ce arrivé ?
C'est un excellent moyen d'avoir des informations sur ce que tu as intégré de la relation de tes parents, de leur amour l'un envers l'autre et de leur amour pour toi.
Voici quelques pistes pour t'accompagner dans cette exploration.

Si je devais décrire la relation entre mes parents…

....

....

....

Si je devais décrire la relation entre mes parents et l'amour…

....

....

....

....

Si je devais décrire la relation entre mes parents et moi…

....

....

....

....

Pour t'aider, voici une liste d'adjectifs dans laquelle tu peux piocher :

tendre **distant** **chaleureux** **froid** **pudique** **joyeux** **curieux** **aimant** **suspicieux** **colérique** **ouvert** **fermé** **triste** **enthousiaste** **intéressé** **ennuyé** **respectueux** **absent** **présent** **envahissant** **inquiet** **bienveillant** **cordial** **sympathique** **passionné** **sceptique** **critique** **jugeant** **compréhensif** **à l'écoute** **indisponible** **fuyant** **doux**

Le travail d'exploration de ce chapitre est un excellent moyen d'approfondir, de clarifier et de continuer tes recherches. Comme on l'a vu, l'information seule ne suffit pas, mais c'est un moyen de plus ressentir, de plus se voir.

Écoute, sens, prends le temps d'observer cet espace invisible à l'intérieur de toi, où les informations peuvent s'opposer.

Pour te guider, voici deux questions. Prépare ton carnet pour y noter tes réponses, avec beaucoup de douceur envers toi.

1) QU'EST-CE QUI, À L'INTÉRIEUR DE TOI, S'OPPOSE À L'AMOUR ?

- Au niveau de tes émotions (ex : l'amour me fait peur)
- Au niveau de tes pensées (ex : je ne suis pas assez bien pour être aimé·e)
- Au niveau de tes actions (ex : je ne choisis que des hommes indisponibles)

2) QUELS JUGEMENTS PORTES-TU SUR TOI-MÊME ?

- Au niveau de tes émotions (ex : je pleurs souvent donc je suis faible)

- Au niveau de tes pensées (ex : je suis ne pas fait·e pour l'amour)
- Au niveau de tes actions (ex : quand je suis en couple, je fais du mal à l'autre)

Ce travail va avoir énormément d'impact ; comprendre, être attentif·ve et mettre de la lumière sur ce monde contradictoire va te permettre d'en voir toutes les subtilités. Tu vas pouvoir classer ces informations, les répertorier, dans une liste de pour et de contre : pour l'amour et contre l'amour. Afin de prendre, consciemment, une nouvelle direction sur ce chemin de l'amour que tu as choisi de parcourir.

Et surtout, tu vas pouvoir te soulager.

Soulager tout cet espace de confusion qui s'ouvre à toi, peut-être d'ailleurs en se manifestant physiquement par des lourdeurs dans ton corps, par un cœur très lourd et par un ventre qui travaille beaucoup, dans lequel il y a énormément de nœuds.

Respire.

Accueille.

Tu es en sécurité, tu es avec toi-même.

[Pause]

Un peu de gratitude !

Avant de passer à la prochaine étape, je voudrais qu'on prenne le temps ensemble de sentir avec ton âme,

- **avec ta chair,**
- **avec ton désir,**
- **avec ton intention,**
- **avec ta plus profonde et intime conviction,**

que le Love Programme va fonctionner, que tu vas te rapprocher de ton objectif.

On y croit et on y va !

Je veux que tu sois persuadé·e que, peu importe ce qui se dresse entre toi et l'amour, tu es sur le chemin.
Tu avances, malgré l'inconfort, tu es là !
Prends le temps de la reconnaissance ; c'est d'autant plus difficile quand on ne nous a pas appris à nous reconnaître. Il est temps que tu te l'enseignes directement car te regarder, te reconnaître est nécessaire si tu veux te sentir regardé·e et reconnu·e.

Depuis le début de ce programme, tu travailles fort, tu te rencontres, tu t'observes et cela demande énormément de courage, ne l'oublie pas.

Pour te remercier de ce chemin tellement difficile que tu es en train de parcourir et t'apporter de l'amour et de la gratitude envers toi-même, je te propose de t'offrir un cadeau. **Choisis un vrai moment d'intimité, de douceur et de respect pour toi.** Cela peut-être de voir un·e ami·e, de prendre un bain, de participer à une activité artistique.

Parce que se regarder ***vraiment*** c'est difficile, ça fait mal. Je le sais, je le sais tellement. Cela demande beaucoup, beaucoup d'audace et de bravoure de se rencontrer comme tu le fais. Ça demande beaucoup d'énergie, beaucoup d'investissement. **Alors, applaudis-toi, respecte-toi, aime-toi pour ça et remercie-toi encore et encore.**
Respecte le chemin que tu parcours ; moi, j'ai beaucoup de respect pour les efforts que tu fais pour toi aujourd'hui et je te regarde avec beaucoup d'attention.

L'amour est tout proche.

Il est temps…

ÉTAPE 4

CHOISIS POUR DE VRAI

L'autre c'est toi, toi c'est l'autre

Choisir ou ne pas choisir ?

Je sais à quel point, pour la majorité de la planète, l'amour se définit par la relation et à quel point l'autre prend souvent toute la place quand il s'agit d'amour !

Et… je trouve que c'est **dommage**.

Tu l'as compris au cours des premiers chapitres, **résumer l'amour à une relation, c'est le minimiser.** C'est rendre petite cette émotion qui est si grande.

Nous avons commencé par prendre du recul pour explorer ton intériorité, ta relation à toi-même et la manière dont tu peux te saboter ; désormais, il est temps, si tu es d'accord, de redescendre sur le terrain en observant d'un peu plus près ta relation avec l'être aimé. *Ready ?*

La plupart des gens pensent que l'on ne choisit pas vraiment son·a partenaire : iel nous tombe dessus, par hasard, un beau jour. Une autre partie pense qu'on la ou le choisi à partir de critères que je qualifierais de matériels, en cochant des cases quoi !

- ✓ Physique
- ✓ Sexy
- ✓ Super boulot
- ✓ Gentillesse/générosité
- ✓ Charisme
- ✓ Valeurs familiales importantes
- ✓ Réussit les gâteaux au chocolat

GAËLLE

PARTAGE AVEC TOI

Avant, j'utilisais ma checklist perso pour voir si un mec m'intéressait ou non. le mec devait être :

- *beau (évidemment !)*
- *grand (s'il était petit et fin, je ne pouvais pas : j'avais l'impression qu'il était malade, et donc fragile)*
- *musclé, avec des abdos (sans abdos c'était pas possible !)*
- *bad boy (avec des tatouages : encore mieux)*
- *charismatique*
- *populaire*

Il fallait vraiment que le gars ait la cote, qu'il soit branché et reconnu (par exemple dans le milieu du sport ou de la night). J'avais besoin qu'il soit celui que toutes les filles veulent, qu'il attire les regards. le côté fort, charismatique, impressionnant était essentiel pour moi ; s'il aimait les chatons et les petits animaux mignons, c'était no way ! Tout ce qui était lié à la douceur, à la tendresse était rédhibitoire.

Parfois, on checke donc notre liste et parfois, on n'en a pas, on laisse le « hasard » décider pour nous.

Dans mes consultations, lorsqu'une personne se plaint régulièrement de l'être qui partage sa vie, je lui pose la fameuse question « Mais pourquoi tu l'as choisi·e ? ».

Les réponses sont souvent les mêmes :

« Mais je n'ai pas vraiment choisi·e, iel m'est tombé·e dessus. »

« J'étais seul·e, iel me faisait du rentre-dedans, je me suis dit que ça pourrait être cool. »

« On était amis et puis iel voulait plus. J'étais libre alors *why not*. »

« J'ai pas du tout choisi : je voulais quitter mon ex, je l'ai rencontré·e, iel m'a fait du bien alors voilà, ça s'est fait. »

« C'est arrivé, c'est comme ça, je ne m'y attendais pas. »

« elle ou il était belle ou beau et c'était tellement bien au lit ! »

Attention : il est important ici de nuancer. C'est vrai que parfois on ne s'attend pas à faire une rencontre et c'est le principe des fabuleuses surprises de la vie, de la surprise de l'amour ! Mais dire que tu ne choisis pas, ça veut dire que **tu te laisses choisir**, par les autres, par la vie, par l'environnement... Tout ça choisit à ta place !

C'est comme si tu étais complètement **dépossédé·e du choix, de la capacité à sélectionner ton·a partenaire, à décider pour toi.** Comme si ce n'était même pas une option.

Alors, OK, très bien, tu ne choisis pas toutes tes rencontres mais tu choisis de laisser la personne rentrer ou non dans ta vie. Tu choisis de l'inviter, de la laisser squatter ou même de partager ta vie avec elle !

Juste comme ça, si tu essayes de faire le point : jusqu'à maintenant, comment as-tu choisi ? Dans quelles catégories te reconnais-tu :

- ✓ celleux qui ont une liste incalculable de critères qui concurrence le programme de sélection de la NASA ?
- ✓ celleux qui se laissent porter par « le hasard », « le destin » ?
- ✓ celleux qui se laissent choisir ?

Est-ce qu'en conscience, tu t'es demandé déjà si :

- › **telle personne était bonne pour toi ?**
- › **si elle allait te faire du bien ?**
- › **si elle allait t'aider à être un peu plus toi-même ?**
- › **si elle avait assez d'espace pour pouvoir t'accueillir ?**

- **si elle était empathique, sensible, intelligente ?**

Ou est-ce que ça s'arrête à « Waouh elle est belle ! », « Waouh elle est charismatique ! » ? Réfléchis-y et prends des notes sur ton carnet.

Le choix : une histoire qui part de toi

On ne va pas philosopher sur la liberté du choix et l'illusion de la liberté de choix – Spinoza, Socrate, Sartre et bien d'autres l'ont déjà très bien fait –, mais je tiens quand même à poser ici ce que recouvre le choix.

CHOISIR

- **C'est prendre une décision.**
- **C'est reconnaître, c'est désigner, c'est vouloir quelque chose pour soi.**
- **C'est préférer, c'est se prononcer.**
- **C'est renoncer, c'est dire au revoir, c'est quitter.**
- **C'est porter sa voix, porter son désir au vu et au su de tous.**

Encore faut-il connaître son désir, le reconnaître… Alors, je veux te poser cette question : comment ce choix est-il possible quand tu ne te portes pas, toi ?

Quand tu ne portes ni tes envies ni tes désirs ? Comment est-ce possible quand tu te caches, que tu t'effaces devant les autres et que tu as honte ? Comment est-ce possible de choisir une personne aussi importante dans ta vie si tu n'habites pas cette même vie à 3000 %, si tu n'es qu'un·e simple visiteur·se dans cet espace qu'est ton existence ?

En clair, pour choisir l'autre, il faut d'abord se choisir SOI !

» **Se choisir, c'est se connaître, se savoir.**

» **Se choisir, c'est ne pas se quitter, ne pas se trahir. ne pas trahir ses envies, ni ses aspirations, ni ses ambitions.**

» **Se choisir, c'est se tenir la main tout le temps.**

» **Se choisir, c'est ne pas se juger quand on a des attentes, de la détermination ou juste des envies.**

» **Se choisir, c'est se porter dans les bras, tout le temps avancer avec soi et se faire de la place !**

N'hésite pas à relire les chapitre 1, 2 et 3.

Pour t'aider à voir ce que ça donne en pratique, voici quelques exemples de situations.

» Tu rencontres quelqu'un d'indisponible : iel est en couple mais tu craques complètement ! Iel te propose d'être amis, tu acceptes alors que tu as envie de plus et ça te rend triste et malheureu·se.

› Te choisir, ce serait lui dire : « Je ne veux pas être ton·ta pote : j'ai déjà assez d'amis. Bye ! »

» Tu a prévu une soirée poterie depuis un mois avec trois copains ou copines que tu n'as pas vu·es depuis très longtemps. Ce soir-là, un·e de tes meilleur·es ami·es te *call* et te demande de venir tout de suite car iel vient de se fâcher avec son copain ou sa copine. Tu annules ta soirée et tu y vas.

› Te choisir, ce serait dire à ton ami·e que tu ne peux pas passer tout de suite, mais que demain c'est possible dès 9 heures et que tu peux l'appeler tout de suite en visio si iel en a besoin. Mais tu vas à ta soirée !

» Tu es en mode shopping avec tes frères ou sœurs, tu es a découvert et tu galères un peu ce mois-ci. Ton frère ou ta sœur vient de faire le plein chez Zara et iel s'aperçoit au moment du paiement qu'iel a oublié sa carte bleue. Iel se tourne vers toi en mode « tu peux m'avancer ? » , en moins de deux secondes, tu as dégainé la carte. La nuit suivante, tu ne dors pas : tu te demandes comment tu vas pouvoir gérer la fin du mois et tu attends désespérément que ton frère ou ta sœur te rembourse.

› Te choisir, ce serait lui dire que, ce mois-ci, c'est galère et que tu ne peux pas. (Iel peut tout à fait revenir le lendemain avec sa carte ou demander à ton autre frère ou sœur !)

» Tu te réjouis de partir en vacances en Asie en mode *chill* avec un groupe de potes pour l'anniversaire de l'une d'entre elles, Sapha. Tu racontes ça, excité·e comme une puce, à ton frère ou ta *sista*. Iel est hyper triste parce que ça fait une éternité qu'iel n'est pas parti·e en vacances. Iel te demande quand tu pars et pour combien de temps puis iel décrète : « Trop bien, je vais te rejoindre là-bas ! » Mais pas trop bien en fait : tes potes ne sont pas dans le même délire que ton frère ou ta *sista* ! En plus, c'est ton petit frère ou ta petite sœur que tu as quasi élevé·e et quand tu es en sa compagnie tu la ou le prends en charge.

› Te choisir, ce serait de dire à ton frère ou ta sœur : « Pas cette fois, le groupe est déjà constitué et c'est pour l'anniv de Sapha. Je préfère qu'on se cale une semaine ou un week-end toustes les deux, tranquille, dans les prochains mois. »

Le dernier il est cadeau ! Toute ressemblance avec ma propre vie ne serait bien sûr qu'un hasard 😅

» Tu écris un livre, tu es dans la dernière ligne droite : il te reste une semaine pour tout terminer, gros stress de clôture, tu dors peu, tu carbures au thé Chaï et tu streeeeeeeeesses de ouf ! Tes enfants ont entraînement de foot tous les mardis et les jeudis, l'un à 15 heures et l'autre à 18 heures. Comme chaque semaine, tu emmènes le premier, tu attends dans la voiture pendant la séance pour écrire sur ton téléphone puis tu récupères ton fils, tu le déposes à la maison, lui donnes son goûter. Tu appelles le second à 17 H 45 et rebelote ! (Je précise que ton mari est en déplacement). Ensuite, il faut préparer le dîner, les faire manger et les coucher. Résultat : tu écris jusqu'à 2 heures du matin, avec un réveil programmé à 6 h 30.

› Te choisir, ce serait de ne pas les emmener au foot cette semaine mais plutôt de demander à un·e proche, un·e voisin·e ou une autre maman de le faire, exceptionnellement.

I *Moi d'abord ?*

Je t'ai entendu·e, j'entends tous les endroits de toi, toutes les petites voix qui te disent :

« Ce n'est pas cool. Tu penses qu'à toi ! »

« Et ça change quoi à ta vie si tu fais ça concrètement ? »

« Je n'ai pas envie de me compliquer la vie. »

« Je n'ai pas envie de me fâcher avec les autres. »

Tu la sens, cette petite culpabilité qui vient te rappeler que ce que tu fais est mal, que tu pourrais faire mieux, que tu pourrais faire plus quand même ?
Je voudrais pouvoir te dire que tu peux la supprimer pour qu'elle n'apparaisse plus jamais… mais je te mentirais. Par contre, ce que je peux t'assurer c'est qu'en en te choisissant, étape après étape, cette culpabilité commence à devenir de moins en moins présente. Elle commence à prendre de moins en moins de place et, au final, tu l'entendras chuchoter de tellement loin qu'elle n'aura plus d'impact, plus de force ni de pouvoir sur toi. Je ne te demande pas de devenir inhumain ou égoïste, bien au contraire : je te demande d'être là pour toi, je te demande de faire de la place pour ce que tu veux, je te demande de te protéger !

Je te demande de te défendre comme tu pourrais le faire pour ton fils, ta fille, ton frère, ta sœur, toute personne très proche de toi.

Je sais comme tu donnes beaucoup d'énergie aux autres et ils ont beaucoup de chance de t'avoir (ça, c'est dit !), alors gardes-en juste un peu pour être à TON SERVICE, *PLEASE* !

GAËLLE

PARTAGE AVEC TOI

À l'époque, dès que j'avais un mec, je le faisais automatiquement passer avant tout le reste. Ami·es, famille, peu importe si je les connaissais depuis des années et que le gars était apparu dans ma vie deux semaines avant : je choisissais mon mec. Souvent, j'attendais de voir s'il était dispo pour accepter ou non une sortie avec mes copines. Je croyais alors me choisir moi, faire passer mon plaisir perso en priorité, alors qu'en réalité je m'annulais pour laisser toute la place à mon copain.

Je me souviens d'une fois où je me suis véritablement choisie et fait passer en priorité. C'était il y a quelques années, pour Noël : je devais le fêter en famille, comme chaque année, mais je n'en avais pas envie. Alors, malgré les réactions que mon annulation allait forcément susciter, j'ai décidé de rester tranquille chez moi. Je me suis préparé un plateau-repas et, franchement… c'était un truc de ouf, j'ai tellement kiffé ma race ! J'ai ressenti tellement de plaisir et de liberté !

Désormais, je ne me force plus : je m'écoute et je fais passer mon besoin avant celui de l'autre.

Moi > les autres

N'y vois aucun jugement, mais peut-être que, au contraire, tu te fais passer d'abord tout le temps, que tu ne regardes que très peu le rythme des autres, voire pas du tout. D'ailleurs, c'est peut-être quelque chose qu'on t'a reproché maintes fois mais que tu ne comprends pas ! C'est dur pour toi de faire avec le désir de l'autre, quand il te fait une demande qui implique que tu donnes de ton énergie, de ton temps, de ta présence.
Je sais que tu ne veux pas être comme ça, que ce n'est pas un choix délibéré ; parfois, c'est la vie, les circonstances, les injustices et les trahisons qui mènent à ces attitudes. Parfois, il s'agit de comportements de nos parents que nous ne faisons que répéter, parce qu'on ne sait pas faire autrement...
Je te demande juste de prendre deux secondes pour te rendre compte que, peut-être, tu as reçu ces remarques depuis de nombreuses années et de la part de nombreuses personnes. Certaines sont d'ailleurs parties parce qu'elles ne trouvaient pas leur place dans ta vie. Je sais à quel point tu as été malheureu·se de leur départ, frustré·e, en colère et confus·e : tu avais pourtant l'impression de faire tout ce qu'il fallait !
Tu as **envie** de donner à l'autre, d'être là pour elle ou lui mais tu ne sais pas **comment** faire.

Alors, peut-être que tu donnes sur un plan matériel (argent, cadeaux) mais être là, présent·e, c'est bien plus compliqué pour toi. D'ailleurs, c'est plus facile de

te faire rejeter que d'être avec l'autre dans le moment présent, c'est dire à quel point cela te paraît impossible ! Encore une fois, il n'y a aucun jugement, il y a juste un état des lieux, un constat.
Si tu veux plus, si tu veux de l'intimité, de l'attachement, il va falloir réfléchir et sentir ce qui te fait peur dans le fait de donner, ce qui te fait peur dans le fait de partager, ce qui te fait peur dans le fait d'accorder de la place à l'autre dans ta vie.

Te demander de procéder à quelques petits changements de gestion, d'organisation et de temps serait se concentrer sur le symptôme. Ce serait te demander d'en faire encore plus alors qu'**il s'agit de faire mieux, de faire autrement.**
Ce sont tes blessures et tes habitudes qui t'ont amené·e à la conclusion que c'était mieux de rester à distance. Avec quelques efforts, beaucoup de travail, de la patience et une immense bienveillance, tu pourras reprogrammer ta manière d'être en lien : car il n'y a pas de danger à être en lien avec l'autre si tu sais choisir les bonnes personnes.

EN PRATIQUE
je pars pour ne pas sentir

Demelza est une femme pleine de talents, d'intelligence ; tout le monde est sensible à son énergie, son dynamisme. C'est une femme très engagée pour ses enfants, pour son mari. Elle est toujours occupée, dans l'action, elle fait la cuisine, elle fait les courses, elle bricole, elle fait encore et encore. Anxieuse et assez maniaque, elle aime que

tout soit nickel chrome tout le temps : il faut que les choses soient à leur place, bien dans leurs cases, sinon, elle se sent en insécurité. Avec ses proches, c'est pareil : elle est contrôlante et autoritaire. Régulièrement, elle crée de faux problèmes, des disputes pour des détails. Pour pouvoir s'éloigner. Les gens autour d'elle ont toujours l'impression d'en faire beaucoup trop, ils sont tristes de ne pas avoir d'espace de parole, ils le disent pour certains, pour d'autres, ils se suradaptent. Alors, Demelza quitte les relations en faisant un vacarme pas possible, elle qui pense être très discrète et silencieuse. Elle ne laisse personne lui dire que c'est compliqué d'exister avec elle parce qu'elle ne laisse pas de place à l'autre : non, elle s'en va, avant.

Elle part au moment où il faut plus : plus d'intimité, plus de présence, plus d'elle.

EN PRATIQUE

je ne vois pas l'autre

Brian travaille beaucoup, il est particulièrement généreux, il adore sa famille. À la tête d'une grande société de conseil, il s'y investit beaucoup : c'est difficile de l'attraper ! Sa femme Elsa voudrait partager du temps à deux, discuter, être juste là avec lui. Brian a l'impression de faire beaucoup pour elle : il lui achète des sacs à main de luxe, l'emmène en voyage, lui a donné une carte bleue. Il veut vraiment que sa relation marche mais il a l'impression que sa femme lui en demande trop et qu'elle n'est jamais satisfaite.

Quand il fait les courses, Brian a une fâcheuse

tendance à les laisser sur le plan de travail : Elsa les rangera, lui il va regarder un match de foot. Quand il se change, il laisse les vêtements dans la baignoire plutôt que dans le panier à linge, ce dernier étant dans une autre pièce. Le soir quand il rentre, il raconte sa journée, ou une anecdote, à Elsa alors qu'elle est encore en train de travailler.

Brian oublie l'autre parfois. Il oublie que l'autre a son propre rythme, ses besoins ; il reste centré sur ce qui se passe dans sa tête, et il en a dans sa tête : son travail, les enfants, la gestion financière et administrative de la famille... D'après lui, Elsa a forcément moins de choses qui tournent dans sa tête ; d'ailleurs, en vrai, il ne sait pas trop ce qui se passe dans sa tête.

On a demandé à Brian très tôt dans son enfance d'être une machine de guerre efficace : il fallait protéger sa maman, protéger son papa, protéger ses frères et sœurs. Il fallait travailler. Et il ne fallait surtout pas ressentir des émotions. La joie, le plaisir ? Pas le temps, il faut travailler ! Il va falloir du temps à Brian pour comprendre qu'il ne s'agit pas de faire plus mais d'apprendre à être là dans le présent et à écouter les besoins de l'autre.

ITINÉRAIRE POUR ATTEINDRE L'INTIMITÉ

L'intimité ça s'apprend ! Voici quelques directions pour être dans l'intimité :
Être là avec l'autre, et non au service de l'autre ou pour l'autre.
Être là avec ce qui est là, maintenant, tout de suite.
Être présent·e à celle ou celui avec qui je suis, avec ce que je traverse.
Être présent·e avec mes peines, mes fragilités, sans secret, sans mensonge, juste en étant moi.
Porter l'autre à l'intérieur de moi, l'amener dans mes espaces reculés, non sans peur mais avec délicatesse et générosité.
» Être intime, c'est sentir l'autre, c'est sentir que l'autre te sent. Par exemple, là, maintenant, tout de suite, tu es avec moi ; sans bruit, sans agitation, sans divertissement, on est présent·es ensemble.

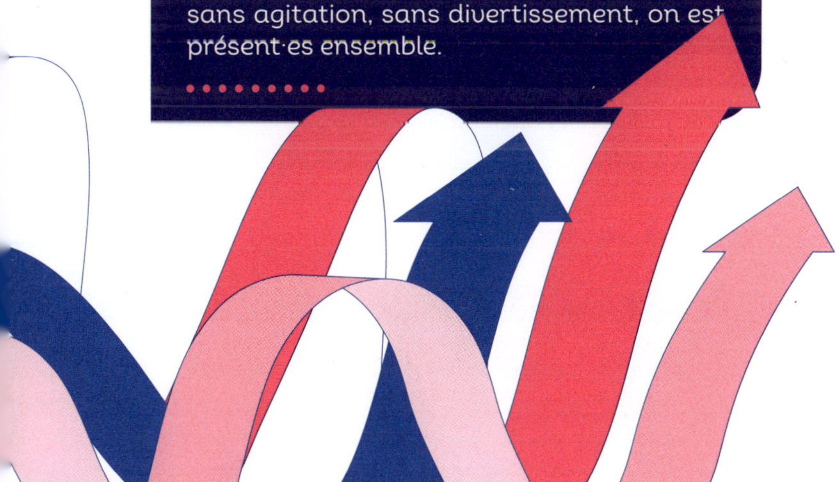

Comment tu rencontres l'autre

Je connais tout de toi : la projection

Premièrement, je tiens à souligner que la projection est un mécanisme tout à fait inconscient ! Elle se produit quand certains éléments de la réalité, d'une situation, nous rappellent quelqu'un ou quelque chose de nous, de notre expérience, de notre histoire.
Ces éléments peuvent être multiples : une attitude, un trait physique, une façon de parler, etc.
L'odeur, le parfum, le climat que ces éléments réveillent nous font alors perdre le contact avec l'autre et nous replongent dans notre vie intérieure.

La réalité finit par disparaître, L'AUTRE disparaît pour laisser toute la place à notre histoire personnelle !

L'autre devient alors invisible, comme un personnage secondaire d'une histoire dont tu es le narrateur ou la narratrice. Et tu imagines que tu sais, entre autres :

- **ce qu'iel veut,**
- **ce que tu dois faire pour lui plaire,**
- **comment tu dois l'aider,**
- **comment iel a besoin de toi,**
- **comment iel te déteste !**

Tout ça est construit dans ta tête mais c'est très réel pour toi, tu as d'ailleurs des éléments de la réalité qui viennent confirmer tes certitudes. Tu analyses, tu interprètes et tu cherches absolument à faire coïncider la réalité avec ce que tu as déjà vécu pour confirmer le scénario que tu as créé dans ta tête.

Quand tu commences à mieux connaître la personne (si tu te laisses cette chance), tu découvres qu'elle n'est pas comme tu l'imaginais et tu es parfois surpris·e !

Tu fais ça souvent, on fait toustes ça souvent...

EN PRATIQUE

trop beau pour être bien !

Quand Élodie a rencontré Yakann, elle l'a immédiatement trouvé très beau. Elle l'a décrit comme un homme séduisant, avec beaucoup de puissance, de charisme, et une aura qui pourrait aveugler.

Pour leur troisième *date*, ils se donnent rendez-vous dans un restaurant tendance, très « in ». Élodie repère Yakann, au bar, en train de passer un coup de fil. Lorsqu'il la rejoint, elle lui demande, très

fâchée, pourquoi il a raccroché et avec qui il était au téléphone. Yakann lui répond qu'il parlait à sa sœur : elle avait besoin d'une info administrative. Élodie ne le croit pas ; elle tire la tronche toute la soirée. En rentrant le soir, l'ambiance est glaciale ; Yakann va se doucher et, pendant ce temps, Élodie regarde son téléphone.
Le dernier appel était bien de sa sœur, Sarah.
Complètement désarçonnée, elle culpabilise, se fait discrète et devient d'un coup particulièrement douce. Yakann ne comprend rien à ce changement soudain et se fâche.
Dans l'histoire d'Élodie, la trahison est quelque chose qu'elle connaît bien. Son père, un grand brin ténébreux avec beaucoup de charme, adorait séduire et être séduit. Élodie a toujours vu sa mère anxieuse à l'idée qu'il passe à l'acte (ce qui est peut-être arrivé...) ; elle a donc projeté inconsciemment son histoire sur Yakann car le charme et le physique de ce dernier ont résonné avec son expérience. Depuis qu'elle travaille sur ses projections, elle est plus consciente d'elle-même et gâche moins de soirées ☺

Tu es toujours le morceau de l'histoire de quelqu'un avant même que tu le ou la rencontres et l'autre est toujours un morceau de ton histoire avant qu'iel te connaisse !

En réalité, ce mécanisme de projection s'active parce que tu as un ressenti désagréable, un inconfort insupportable qui est déclenché par l'autre : pour éviter de le ressentir, tu vas le renvoyer sur l'autre.

CHACUN·E SES ÉMOTIONS

La projection peut également se faire au niveau émotionnel ; il s'agit alors d'attribuer, de transférer à l'autre une émotion qui t'appartient.
Exemple :
« – OMG tu as l'air triste...
– Euh, moi ? bah non ça va plutôt bien. »
Cette tristesse t'appartient à toi, tu ne la sens pas, tu ne veux pas la sentir alors tu la transfères chez l'autre pour t'en débarrasser !

L'autre est un moyen de t'éloigner de ton ressenti, de la résonance qu'iel réveille !

L'amour est aveugle : l'idéalisation

Rassure-toi : il est tout à fait normal durant le processus amoureux d'idéaliser, ça fait partie du package de l'amour.
Quand tu idéalises, tu considères l'autre comme l'incarnation de la perfection : tu regardes ses qualités et tu les multiplies, tu leur donnes une valeur très très élevée ! Tu « surcotes » l'autre en annulant et en invisibilisant tous ses défauts. Ce mécanisme d'idéalisation, tu peux l'appliquer à ton·a partenaire, tes ami·es, ta famille, mais aussi à une situation (par exemple, une rencontre).

Dans l'idéalisation, il y a l'idée sous-jacente que l'autre va répondre à l'ensemble de tes désirs, qu'il va venir te nourrir aux endroits où tu as faim, où tu as soif, où tu es extrêmement carencé·e.

Il y a un puissant espoir de **fusion**, d'harmonie, de complétude, il y a l'espoir de l'attachement idéal.
En réalité, tu choisis alors une idée, une image, une créature et non pas un être humain ! Parfois même, tu idéalises un projet de relation.

Dans mon cabinet (mais pas que !), j'ai souvent entendu la phrase suivante : « J'ai besoin d'admirer pour être en couple, j'ai besoin de trouver l'autre extraordinaire. » Je crois que c'est important d'admirer des aspects de l'autre, je dirais même fondamental, ce n'est pas pour autant qu'iel devient complètement et entièrement merveilleu·se.

Si l'admiration est nécessaire en couple, elle devient perverse lorsqu'elle est basée sur une **mauvaise vision de toi**.

OUI, parce que, parfois, tu peux « utiliser » l'autre pour :

- **ne pas sentir à quel point tu as une faible image de toi** ;
- **augmenter ta valeur en étant avec quelqu'un d'« extraordinaire »** ;
- **avoir besoin de briller à travers l'autre.**

Dans tous les cas, idéaliser l'autre te permet de devenir quelqu'un ! Car si cette personne hors du commun te choisit, a envie d'être avec toi, tu deviens alors aussi fabuleu·se par procuration !

Il est beaucoup plus facile de regarder l'idéalisation à partir de l'autre : tu as forcément autour de toi une copine ou un copain qui t'a un jour raconté sa merveilleuse, génialissime, extraordinaire, exceptionnelle rencontre !

« On se comprend tellement !
On a une connexion si puissante ! »

« Iel est exactement ce que j'attendais ! »

« Jamais je n'aurais pu imaginer
rencontrer quelqu'un d'aussi brillant ! »

« Iel est grand·e, beau ou belle
et tellement charismatique ! »

Bla-bla-bla !

Dans ces moments-là, tu sens à l'intérieur de toi que c'est un peu extrême, que ce n'est pas très réaliste, mais tu ne dis rien.

Trois jours plus tard, tu demandes à ton ami·e comment ça se passe avec cette personne fantastique et iel te répond : « Ah laisse tomber c'est un·e gros·se mytho/ iel n'est jamais dispo/ iel répond trois heures après mes messages/ iel vit avec des potes en coloc, j'ai passé l'âge ».

Car après l'idéalisation vient toujours la groooooosse chute, la grosse déception !

RED FLAGS DE L'IDÉALISATION

Tu trembles quand tu la ou le vois
Tu es d'accord avec tout ce qu'iel pense/dit
Tu trouves des excuses et des explications au moindre truc chelou
Tu te tais souvent
Tu es admiratif ou admirative de tout ce qui la ou le caractérise
Tu parles souvent de lui·elle
Tu regardes ses photos, ses réseaux 10 fois par jour
Tu prends sur toi quand quelque chose te déplaît
Tu pardonnes souvent
Tu acceptes beaucoup

Vade retro *l'autre* : *la diabolisation*

Le versant de l'idéalisation, c'est bien sûr la diabolisation : une fois que tu as fait le tour de la *merveillosité* de l'autre, tu découvres sa **monstruosité** !

Dès lors, si l'autre ne fait pas ou ne dit pas ce que tu attends, hop, tu la ou le rejettes.

Tu la ou le considères alors tout entier comme étant le mal, mauvais, tout mal et tout mauvais.

Iel n'est plus humain·e : iel est monstrueu·se.

Iel est l'ennemi·e, il faut l'éloigner, voire la ou le détruire ! Et pour cela, ton mental est ton meilleur allié : tu passes à la loupe chaque action, chaque mot prononcé afin d'avoir la confirmation qu'iel mérite la condamnation ultime !

Dans le couple, la relation, ce sont les comportements de l'autre qui vont activer ce processus de la diabolisation. Voici quelques exemples :

» **Iel ne t'a pas informé·e de quelque chose : c'est un·e menteur·se qui va te trahir !**

» **Iel n'est pas rentré·e à l'heure : iel te trompe, c'est un·e manipulateur·rice !**

» **Iel est particulièrement gentil·le : iel te cache quelque chose de grave !**

Tu tires des conclusions négatives et hâtives parce qu'iel a agi d'une manière que tu ne connais pas, ou que tu n'aimes pas.

La diabolisation est très utilisée par les medias et la politique : c'est un outil puissant pour faire de quelqu'un une personne détestable !

Pour résumer, quand tu es dans la diabolisation, tu utilises un morceau de la réalité pour te créer une histoire bien dark sur la personne qui est alors déshumanisée : elle devient entièrement mauvaise !

Dans ces cas-là, tu es sûr·e de toi, têtu·e et tu refuses toute forme de discussion ou de nuance afin de maintenir la petite histoire que tu as créée dans ta tête. Car s'ouvrir à la possibilité que tu as une vision déformée de la réalité pourrait te faire changer d'avis et – catastrophe ! – tu pourrais alors voir l'autre comme un être humain !

Mais pourquoi fais-tu ça ? C'est parce qu'il y a une partie de toi blessée, rejetée, détestée que tu transfères sur l'autre.

Accusé·e, levez-vous : le jugement

Premièrement, on arrête de jouer à :
« moi je ne juge personne »
et
« c'est mal de juger »

Breaking news n°1 :

on juge tou·s·tes , on juge tout le temps et tout !
On juge les autres, *of course*, le monde, les systèmes mais surtout et avant tout nous-mêmes.

On juge parce qu'on a peur, parce qu'on pense être certain·es de connaître la vérité, on juge pour se sentir en contrôle !

Breaking news n°2 :

quand tu juges l'autre, c'est toujours une partie de toi que tu projettes (cf partie précédente sur la projection) ; ce n'est pas la vérité de l'autre !

» **Le jugement est le meilleur moyen de tuer, d'étouffer la relation, pas l'autre (tu n'es pas Dieu hein !).**

» **Le jugement t'éloigne de ce que tu veux et ce que tu espères.**

» **Le jugement t'enferme dans la petitesse !**

» **Le jugement éteint la vie ; il est insidieux, vicieux, rapide... Il apparaît avant même que tu le convoques !**

Je crois que c'est très important de ne pas oublier que tu juges toujours dans un espace-temps donné : lorsque tu juges, **tu figes l'autre** (un peu comme Piper Halliwell dans la série *Charmed* – respecte ma référence, *please* !), tu l'enfermes dans une case pour le temps que tu décides, parfois hyper longtemps, et même toute la vie !

✓ As-tu besoin de juger pour exister ?

✓ As-tu besoin de juger pour te protéger ?

✓ As-tu besoin de juger parce que tu ne sais pas que ce que tu fais c'est du jugement ?

Un truc simple mais important à garder en tête : quand tu vas bien, quand tu kiffes ta vie, quand tu es là où tu le souhaites, tu ne juges pas. Tu comprends, tu cherches à comprendre, tu expliques, tu cherches à expliquer, tu veux diffuser ta joie, ton expérience ! Tu veux que le monde sache que c'est possible !

Quand tu vas bien, tu n'as clairement pas le temps de juger.

Alors, je ne te demande pas de devenir « paix et amour » si tu ne le veux pas ou si tu ne le crois pas, mais peut-être que tu peux questionner la place qu'occupe le jugement chez toi.
Peut-être que tu peux te demander comment et sur quoi tu juges tes rencontres ?
Peut-être que tu peux te demander comment tu juges l'autre quand tu veux ou ne veux pas le rencontrer ou poursuivre les échanges ?
Peut-être que tu peux te demander si tu ne t'es jamais trompé·e ?

Est-ce que tes certitudes sur les autres te rendent heureu·se ? Accepte que **tu ne sais pas**, que tu ne connais pas l'autre. Car tu ne sais pas l'autre quand tu t'arrêtes à un physique, à une manière de se tenir, à une façon de s'exprimer, au fait qu'iel soit divorcé·e, avec ou sans enfant, qu'iel soit pressé·e ou lent·e !
Tu ne sais pas ; son histoire est bien plus complexe que tu ne peux te l'imaginer.
Tu veux rencontrer vite, connaître l'autre vite, tout savoir de sa vie et choisir tout aussi *vite* si iel est OK pour toi : STOOOOOOOOOOOOOOOOOP !
Vas-y, viens, on juge un peu moins et on s'aime un peu plus.

Je transfère, tu transfères, nous transférons...

Projection, idéalisation, diabolisation : trois procédés relationnels qui appartiennent aux transferts.

DÉFINITION :

« Le transfert est une histoire d'amour, disait Freud, ou plutôt la réécriture d'une histoire d'amour [...] qui aurait [...] été inachevée ou bien avortée.»

« Le transfert est une histoire d'amour, disait Freud, ou la réécriture d'une histoire d'amour qui aurait été inachevée ou avortée. » Michel Delbrouck, *Psychopathologie, manuel à l'usage du médecin et du psychothérapeute*

Ces mécanismes alimentent ce qui se passe dans notre tête et viennent nous éloigner de la vraie rencontre. Quand ils sont en place, **il n'y a pas d'espace pour l'autre parce que ce qu'il y a à l'intérieur de toi prend toute la place.**

Dès lors, tant que tes souffrances, tes douleurs, tes expériences t'habitent, elles ne laissent de la place à aucune véritable rencontre. De manière inconsciente, chaque fois, tu cherches à confirmer ton expérience avec les hommes ou avec les femmes. Alors, c'est dur, ça fait mal, on ne comprend pas grand-chose, on est souvent dans la confusion, on se demande si tous les hommes ou toutes les femmes sont comme ça. Mais ça se déroule de cette façon parce que tu procèdes exactement de la même façon que d'habitude. Et si tu fais tout comme d'habitude, pourquoi est-ce que le résultat serait différent ?

SUIS LA PISTE DES ÉMOTIONS

Il y a un élément qui peut te donner de précieuses indications pour savoir si tu projettes, idéalises et/ou diabolises la rencontre : l'intensité de tes émotions. Quand elles sont très fortes, que tu aimes trop, que tu détestes trop, quand tes émotions sont complètement exacerbées, alors tu es probablement dans un de ces systèmes de transfert.

Mets tes lunettes, prends une loupe, demande de l'aide autour de toi, consacres-y le temps nécessaire, mais il faut absolument que tu mettes de la conscience là-dedans ! Bien sûr, il est possible de passer de l'un de ces mécanismes à l'autre mais aussi d'utiliser les trois en même temps.

Autodiagnostic

Est-ce que tu idéalises ?
  a. Moi ? pas du tout
  b. oui, vite fait
  c. grave, tout le temps !

Est-ce que tu diabolises ?
  a. Moi ? pas du tout
  b. oui, vite fait
  c. grave, tout le temps !

Est-ce que tu projettes ?
  a. Moi ? pas du tout
  b. oui, vite fait
  c. grave, tout le temps !

Plus tu vas t'observer et identifier quand tu diabolises, quand tu idéalises ou quand tu projettes, moins tu utiliseras ces mécanismes et plus tu pourras être dans une vraie rencontre. Ils sont plus fréquents en début de relation mais on peut aussi les mettre en place au bout de quelques rendez-vous et, potentiellement, toute sa vie. N'hésite pas à relire plusieurs fois ce chapitre !

GAËLLE

PARTAGE AVEC TOI

Avant, je faisais carrément les trois ! Jackpot 😀 !

Par exemple, un de mes ex – celui qui était en train de se séparer et qui me disait qu'il avait plein d'argent alors qu'il vivait chez sa mère – me disait qu'il ne voulait pas vivre à Paris car il préférait la campagne. À l'époque, j'ai projeté sur lui la partie de moi qui adore la nature en me disant que ce serait super d'avoir une grande maison ensemble dans la forêt… alors qu'en fait, le mec n'avait juste pas les moyens de se payer un appart à Paris ! J'étais tellement dans la projection de mon désir – et l'idéalisation de lui – que je n'ai pas vu tous les mensonges incohérents qu'il me racontait. Pourtant, son histoire n'avait ni queue ni tête : il était censé être un des meilleurs agents immobiliers de France (il avait reçu une récompense), il travaillait à Paris pour de riches clients… mais voulait habiter dans la cambrousse et se taper une heure de voiture tous les jours ?!

Une fois que la relation était terminée, par contre, je passais aussitôt dans la diabolisation. Mais la diabolisation extrême, au point que je faisais disparaître complètement l'autre : c'était comme s'il était mort. Je refusais même de reconnaître qu'il avait jamais existé, qu'il avait été une personne humaine, vivante. Je le supprimais.

Comment bien choisir ?

Quand tu rencontres une personne et que tu sens que quelque chose se passe dans ton corps, dans l'intellect, quelque chose qui te fait du bien, demande-toi : « Qu'est-ce qui s'active en moi ? Qu'est-ce qui se réveille ? »
Pose-toi la question de savoir à quel point l'autre t'intéresse et pour quelle raison iel t'intéresse ?
Au-delà de :

- **ses qualités,**
- **sa personnalité,**
- **son corps,**
- **sa situation.**

Ce que je te demande, c'est de regarder ce qu'il y a à **l'intérieur de lui** qui reflète une partie de ce que tu es, de ce que tu veux, de ce dont tu as peur.
Regarde à quel point quand tu regardes l'autre, quand tu la ou le choisis, quand tu commences à être émoustillé·e, quand tu commences à être curieu·se de l'autre, à quel point **il s'agit d'abord de toi, de tes transferts, de qui tu es.**

Alors, la base des bases dans une relation, c'est comment on se choisit.

La base des bases dans une relation, c'est de se rendre compte à quel point :

Quand je choisis l'autre,
c'est le reflet d'une partie de moi.

Quand je choisis l'autre,
je me nourris, moi.

Quand je choisis l'autre, je le choisis
à partir de mes peurs, de mon histoire.

Quand je choisis l'autre, je parle
de mon désir, de mes blessures.

Quand je choisis l'autre,
je raconte mon histoire.

Dis-moi où tu es : je te dirai comment tu rencontres

Le concept des positions de vie, qui vient de l'analyse transactionnelle, est très éclairant pour préciser notre rapport à soi, aux autres et au monde ! Selon cet outil, il existe quatre grandes postures que tu vas adopter dans ton existence qui illustrent l'idée que tu te fais de **ta valeur et de la valeur des autres**. Ces positions peuvent varier au fil du temps, selon les personnes que tu rencontres, les domaines (amoureux, professionnel, familial, etc.) mais aussi tout simplement ton humeur du moment !

La position +/+

C'est une posture positive envers soi, les autres et le monde !

- Tu te sens bien, tu as de l'estime pour toi et pour l'autre. Toi et moi sommes au même niveau. Tes rapports avec les autres sont égaux, dans le partage et dans l'Adulte.

La position -/+

C'est une posture négative envers soi !

- Tu n'es pas comme il faut, tu n'es pas ce qu'il faut, tu te dépréciеs. Tu vois l'autre comme positif, tu as une vision de lui haute, élevée. Tu l'apprécies plus que toi ! C'est une position de vie que l'on peut avoir quand on idéalise l'autre par exemple (« Iel est extraordinaire, je suis tellement bof ! »).

La position +/-

C'est une position dans laquelle on a une vision positive de soi-même et négative de l'autre : on s'estime supérieur·e.

- Tu es important·e, tu as une haute opinion de toi. Tu considères l'autre comme moins bien, tu le dépréciеs. Iel n'est pas à la hauteur, iel est petit·e. Tu peux alors avoir un comportement prétentieux et hautain (dans certains contextes ou tout le temps).

La position -/-

C'est une position négative, qui dévalorise autant soi que les autres.

- Tu as une estime de toi et des autres très basse. Tu te considères comme impuissant·e, l'autre aussi. La détresse prend de la place, parfois toute la place. C'est une position plutôt dépressive qui peut mener à la mort psychique ou physique (suicide).

Essaye de te situer. Quand tu rencontres l'autre, tu es plutôt du genre :

- **Iel a l'air au max, iel ne va jamais s'intéresser à quelqu'un comme moi.** => -/+
- **Sérieux ?! Moi vivant·e, jamais je n'irai avec elle ou lui ! Tu as vu sa voiture/sa taille/son nez/ses vêtements/... ?!** => +/-
- **L'amour ça sert à rien à part faire des problèmes de toute façon.** => -/-
- **On serait tellement canons ensemble ! Faut trop qu'on fasse des enfants pour perpétuer notre ADN de *winners*, quoi !** => +/+

Alors, évidemment, ça dépend des rencontres mais je t'invite à observer tes cinq derniers *dates* avec cet outil pour te donner une idée de la position que tu adoptes le plus souvent.
Quand tu rencontres quelqu'un, est-ce que tu l'écoutes *vraiment* à partir d'elle ou lui ? Et, de la même façon, est-ce que tu es attentif·ve à la manière qu'iel a de s'intéresser à toi, de te poser des questions précises, subtiles, d'en écouter les réponses ? C'est un excellent moyen de savoir si c'est elle ou lui que tu dois choisir. Porte aussi un peu ton attention sur l'énergie dans laquelle tu arrives à un rendez-vous. Es-tu plutôt dans une position +/+ ? +/- ? -/+ ? -/- ? Identifier où tu te situes à chaque date va te permettre de voir ce qu'il y

a à modifier. Bon, je te détrompe tout de suite : il n'y a pas de bouton magique sur lequel appuyer pour que tout se passe bien. Les positions de vie que tu adoptes se sont construites dans ton jeune âge en fonction de ton environnement, et cela va nécessiter quelques déconstructions pour les faire évoluer vers l'estime et la valeur. Et pour commencer à te rapprocher de la position +/+, la plus favorable à l'amour, tu as déjà en toi un outil magique et super efficace...

Un seul mot : C.U.R.I.O.S.I.T.É

Est-ce que tu es curieu·se ? D'ailleurs, là, maintenant, comment accueilles-tu à l'intérieur ce que tu lis dans ce livre ?

› **Tu es disponible**

› Ex : J'ai le temps, j'ai l'espace, j'ai envie, je suis prêt·e !

› **Tu interprètes à la négative**

› Ex : Nan mais ça, ça veut dire que je ne peux pas et ça, ça prouve bien que c'est mort pour moi.

› **Tu réponds en étant pas d'accord (même dans ta tête !)**

› Ex : Elle dit n'importe quoi, moi j'ai lu tel livre et l'auteur dit exactement le contraire.

- **Tu es sceptique**

  Ex : Mouais, j'ai déjà entendu ce truc-là, ça ne change pas une vie, faut arrêter !

Choisir la curiosité comme passerelle pour aller vers l'autre c'est choisir :

- **l'intimité,**
- **l'ouverture du cœur,**
- **l'indiscrétion assumée pour savoir, pour comprendre, pour être là !**

N'oublie pas que tu ne sais que peu de choses de l'autre et de tous ceux qui t'entourent, même au bout de vingt ans ! Toute ta vie tu as encore des choses à apprendre de toi, de l'autre, du monde !

EN PRATIQUE

la curiosité n'est pas un vilain défaut

Je vais te parler d'Aswan, *my baby love* de neuf ans (oui je sais c'est plus un bébé !). Je t'épargne l'étalage de l'amour de la mère que je suis mais il est tellement beau, si intelligent, plein de vitalité, il est merveilleux ce gosse (non, non, je ne suis pas dans l'idéalisation !). Bref, ce n'est pas le sujet hein !

Aswan est Mister Questions ; il pose sans cesse des questions sur l'espace, sur le temps, sur Dieu, sur les étoiles en passant par les papillons ou les chats, tout y passe et à n'importe quelle heure. Tout l'émerveille,

tout le fascine : il veut tout savoir, tout comprendre. Vivre avec ce petit garçon au quotidien est génial, c'est aussi vitalisant qu'extrêmement fatigant (il faut dire la vérité). Car il ne s'arrête jamais et, bien sûr, il n'accepte aucune réponse superficiel : cela ne l'intéresse pas ! Ce qu'il veut, c'est savoir le fond du fond du fond du fond.

La majorité des enfants ont cette curiosité naturelle, cet intérêt pour l'autre, pour tout ce qui les entoure, pour le monde. Iels sont habité·es par le désir de découvrir, de savoir et l'apprentissage devient d'autant plus facile lorsque ce sont des domaines qui les intéressent.

En fonction de l'environnement dans lequel ils grandissent, de leurs parents, de leurs frères et sœurs, cette curiosité assoit toute sa place et peut se développer, grandir ou, au contraire, elle se tait jusqu'à parfois s'éteindre.

Car on peut facilement reprocher aux gens curieux de poser trop de questions, ils peuvent même agacer !

Il y a une liberté dans la curiosité qui peut vraiment déranger l'autre.

La curiosité est selon moi l'un des grands secrets de la rencontre. Cet intérêt, ce désir de la ou le connaître vraiment, de découvrir qui iel est, son histoire, son chemin, de l'écouter à partir d'elle ou lui et non à partir

de tes propres attentes, de tes propres aspirations, de tes propres regrets, de ta propre histoire est nécessaire pour créer un vrai lien.
Soyons honnêtes : tu ne peux pas être complètement disponible à la curiosité tout le temps mais tu peux la convoquer pour un moment, tu peux la développer, tu peux faire grandir ces moments de curiosité.

Be curious

Comme c'est souvent le cas, la curiosité commence par... soi ! Cette curiosité orientée vers qui tu es t'invitera naturellement vers la curiosité de l'autre.
Demande-toi si tu es curieu·se :

› **de toi même, de ton histoire, de ton chemin, de tes expériences !**

› **du pourquoi et du comment tu fonctionnes comme ça !**

› **de connaître, de savoir, d'apprendre ce que tu ne sais pas de toi !**

Pour réveiller ta curiosité – parce qu'elle est bien là, quelque part, elle est juste enfermée dans la cave : il faut juste lui ouvrir la porte !

✓ Inspire-toi des enfants autour de toi. Par exemple, tu peux regarder un de ces films de ton enfance (*Maman, j'ai raté l'avion ! Les Goonies, L'Histoire sans fin*, etc.) ou te reconnecter à l'enfant libre que tu étais avant que tu intègres l'idée d'être parfait·e.

- ✓ Laisse tes centres d'intérêt s'exprimer et surtout écoute-les. Oublie les excuses (tu n'as pas le temps, il y a plus important à faire…), organise-toi et bouquine, discute, regarde des vidéos, écoute tes podcasts…
  - » **C'était quand la dernière fois que tu as écouté un album en boucle, regardé toutes les vidéos et les ITW d'une personne qui t'inspire, que tu as fait des recherches pendant des heures sur le sel de l'Himalaya, hein ?**
- ✓ Joue, chante, danse, laisse la vie te traverser et ta créativité prendre sa place ! Que ce soit aux dames, au Monopoly, lors d'un cours de poterie, en cuisinant ou en dessinant !
  - » **C'était quand la dernière fois que tu as créé quelque chose en conscience, juste pour le plaisir ? que tu t'es essayé·e à cuisiner un *pad thaï*, que tu as sculpté un vase de tes mains ou que tu as créé un plaid en patchwork ?**
- ✓ Laisse ta folie prendre toute la place ! Imagine, crée, délire, soit folle ou fou, laisse ton esprit s'éclater ! Trouve-toi un espace, des gens qui kiffent ton génie, ton imagination. Il y a déjà assez d'espace où ta vie est carrée, sérieuse et exactement « comme il faut » !
  - » **C'était quand la dernière fois que tu as chanté dans le métro ? que tu es monté·e sur une table pour travailler ton déhanché (sans rien avoir consommé, hein !) ou que tu as dit à un·e inconnu·e que tu le trouvais beau ou belle ?**

GAËLLE

PARTAGE AVEC TOI

Je nourris ma curiosité par plein de biais différents ; les formations, les stages, les vidéos, les podcasts, les livres, les articles mais aussi par les discussions et les relations avec les gens. Pour moi, ça passe par le fait d'approfondir les sujets qui m'intéressent, d'en découvrir de nouveaux et aussi d'aller regarder à l'opposé de mes centres d'intérêt, pour vraiment explorer des contrées inconnues.

Il m'arrive aussi de créer des espaces d'ennui, des espaces de vide, sans distraction, sans téléphone, sans bouquin, sans méditation, juste entre moi et moi. Quand je suis comme ça, pleinement présente, je sens mieux vers quoi j'ai envie de m'orienter à cet instant. Les disciplines artistiques (le dessin, la peinture, le mandala) sont aussi des moyens de stimuler ma curiosité et ma créativité en même temps !

SI JAMAIS ÇA PEUT T'AIDER

Jessim, *my second baby love* qui a six ans, prend des gels douche et les mélange pour fabriquer des potions magiques dans des bouteilles d'eau. Elles ont le pouvoir de le transformer en fantôme, comme ça il peut traverser les murs (ne me demande pas combien je dépense en gel douche tous les mois s'il te plaît). Retrouve ton âme et ta créativité d'enfant !

Ralentir souvent pour s'ennuyer plus

On déteste toustes l'ennui : on déteste sentir le vide, on déteste ne rien avoir à faire, ne rien avoir à dire. On déteste être là, sans rien, juste là. D'ailleurs, les nouvelles technologies et le smartphone nous arrangent bien pour esquiver ça, hein ? L'ennui a mauvaise presse, il est dévalorisé, rabaissé, détesté, rejeté et exclu.
Alors, c'est important de s'occuper, s'occuper à travailler, s'occuper à discuter, s'occuper à trouver des

problèmes, s'occuper à trouver des solutions, s'occuper à jardiner, s'occuper à... peu importe quoi, en fait. S'occuper à s'occuper nous permet de ne pas être avec nous-mêmes, de ne pas être en contact avec le vide intersidéral de notre *life* !

S'occuper est l'un des meilleurs moyens de s'éviter, de ne pas être en contact avec soi-même.

Car être seul·e, vraiment seul·e, avec toi-même, sans aucune distraction ce n'est peut-être pas confortable... peut-être que ça te fait mal, peut-être que c'est désagréable, qu'est-ce que tu en penses ?
Ce qui est CERTAIN, c'est que ce **vide intersidéral** de ta *life* que tu évites contient énormément d'informations pour mieux la comprendre mais aussi des idées de génie, des solutions, des réponses à tes questions. Ce vide immense, infini, peut te faire flipper, te donner le vertige, mais tout cet espace intérieur est **un espace de possibilité, de création, de rencontre avec toi-même.** Cet espace est à toi, rien qu'à toi.
Alors, tu peux essayer de comprendre pourquoi c'est si difficile pour toi d'être avec toi-même, ce serait déjà un super *step* ; tu peux aussi améliorer cet espace, le rendre plus accueillant, plus familier pour toi.

PETITS RAPPELS

L'ennui c'est là où se trouvent le temps, la créativité, les illuminations.
L'ennui fait partie de la vie.
L'ennui est l'ouverture vers toi-même.
L'ennui est une porte vers la clarté.

L'ennui représente donc une clé fondamentale pour ta relation à l'autre :

» **Apprendre à t'ennuyer c'est prendre un aller en jet privé direction ta vitalité, ta créativité, l'espace vide qu'il existe entre toi et l'autre qui doit être rempli de VOUS !**

» **T'ennuyer c'est te donner la chance d'être dans la vie avec l'autre, pas avec tout ce qu'iel fait mais avec ce qu'iel est.**

» **T'ennuyer c'est le moyen d'apprendre que ce qu'il faut choisir ce n'est pas la personne avec qui tu ne t'ennuies pas, c'est celle avec qui tu aimes t'ennuyer !**

De l'envie au choix

Applique ta curiosité à ton envie et demande-toi ce que tu attends de cette rencontre.

De la même façon qu'on ne va nulle part si on ne sait pas où l'on va, on ne peut pas choisir quelqu'un si on ne sait pas ce dont on a envie !

Que veux-tu que cette rencontre t'apporte ?

Pour t'aider, voici quelques exemples issus de mes consultations. Chacun de ces choix a ses avantages et ses inconvénients, mais savoir ce que tu veux c'est le début de l'histoire !

ARGENT	CALME	FOLIE	ÉQUIPE
Situation sociale	Stabilité	Intensité	Famille
(confort)	(sécurité)	(passion)	(construction)

Confort : effectivement tu vas obtenir une sécurité financière, un statut prestigieux et des plaisirs matériels... **mais** tu vas peut-être avoir quelqu'un qui travaille beaucoup, est INDISPONIBLE et potentiellement matérialiste.

Sécurité : tu vas effectivement te sentir plus sereine, avoir de l'espace, de la tranquillité... **mais** peut-être que, de temps en temps, la personne que tu auras choisie va t'ennuyer et tu la trouveras plate, c'est possible !

Passion : l'intensité sera au rendez-vous, tu vas sûrement vivre plein d'expériences et d'aventures, avoir une vie remplie de surprises... **mais** tu vas aussi vivre des tsunamis émotionnels et la personne que tu as choisie sera sûrement intense, impulsive et agitée. Et puis, tu sais, après le feu de la folie, il y a les brûlures qui vont avec ! Et est-ce que la passion dure vraiment ? On peut en discuter, dans un autre livre 😃.

Construction : c'est super, tu vas te sentir accompagné·e, moins seul·e, soutenu·e... **mais** cela peut devenir conflictuel. La personne que tu as choisie peut avoir des problématiques de place, iel peut être contrôlant·e ou dirigiste ou, au contraire, laxiste et même un peu des deux ! Et puis, une équipe, ça a beaucoup de hauts et beaucoup de bas.

Vers quelle direction tu veux aller avec cette rencontre ?

- Une soirée
- Les vacances
- Toute la vie

Je te propose de ne pas répondre trop vite. Parfois, on plonge dans une réponse sans vraiment y réfléchir ! Bien sûr, il peut y avoir des surprises ou des changements de situation mais si on sait ce qu'on veut, le choix est beaucoup plus simple. Tu peux ainsi te protéger des rencontres qui t'emmènent ailleurs, qui t'éloignent de ton objectif. Si ton attente n'est pas claire dans ta tête, tu risques de te laisser porter par le choix de l'autre et d'arriver dans une relation qui ne te convient pas.

Je voudrais finir ce chapitre en te rappelant que tu as en toi toutes les ressources pour choisir la ou le bon·ne partenaire mais aussi pour quitter la ou le mauvais·e partenaire !

Tu possèdes

- l'intelligence,
- la sensibilité,
- l'écoute,
- la force,
- les outils.

Il y a encore des choses à développer, certes, mais la base est là, elle est solide et elle est disponible.
Car ce que tu es et ce que tu as acquis est une source infinie de solutions, de résolutions et de possibilités.
Il est temps d'aller là où tu en as envie, il est temps d'aller là où tu le désires, il est temps d'avoir la relation que tu veux vraiment.
Le travail que tu fais est un travail de fond, c'est un travail de déconstruction ET de reconstruction ;

ça prend du temps mais le bénéfice en vaut le coup.
Aucune maison solide ne se construit en deux jours.
Je tiens à te dire bravo parce que je sais le temps, l'énergie et l'argent que coûtent tous ces efforts. Parfois, tu as envie, parfois tu es démotivé·e, parfois tu as peur, parfois tu es excité·e : tout ça est à sa place.
Je te propose un peu moins de jugement pour plus d'ouverture.

Car il est temps que tu ouvres ton cœur à toi-même et que tu te choisisses !

ÉTAPE 5

FÂCHE-TOI !

Le conflit : la clé d'une relation solide

Un must have de la relation amoureuse

Après avoir mis au jour certaines de nos méconnaissances, nous être responsabilisé·es et avoir identifié quelques messages contradictoires, nous avons mis de la clarté dans nos choix amoureux. Maintenant que tu as trouvé l'élu·e de ton cœur, il faut apprendre à être en lien avec elle ou lui ! Quand tout va bien… tout va bien ! Mais quand on est **dans la vraie vie**, l'histoire ne s'arrête pas une fois qu'on a déclaré ses sentiments et qu'on se met en couple, au contraire : c'est là qu'elle commence réellement ! Quand on est en relation, on expérimente forcément un jour ou l'autre le conflit – qu'il soit exprimé, contenu, voire nié. Et lorsque la colère et la frustration débarquent, c'est là que ça se gâte !

C'est pourquoi je te propose de regarder ici comment le conflit peut passer du statut d'ennemi numéro 1 à celui de **ton meilleur allié**. Oui, oui, tu as bien lu : le conflit constitue l'un de tes meilleurs outils pour vivre une relation saine.

Car le conflit est nécessaire !

- **Que tu aimes ou que tu n'aimes pas le conflit, il existe et fait partie de la vie.**
- **Que tu l'évites ou l'utilises, il est présent dans tes relations avec les autres mais aussi avec toi-même.**
- **Que tu le détestes ou le considères comme une arme précieuse, il est là, point !**

Je sais qu'il cristallise beaucoup d'émotion et de rejet ; d'ailleurs, prononcer ce mot peut susciter de la peur, de l'agacement et de l'irritation. Mais essaye un instant de changer l'angle sous lequel tu l'abordes ; et si le conflit n'était pas le vilain monstre qui veut tuer la relation ?

Bad conflit ☹	***Good conflit*** ☺
DRAMAS, ESCLANDRES, *FIGHT*, DOMINATION, AUTORITÉ DOULEUR, LARMES, DESTRUCTION, SÉPARATION VIOLENCE, HAINE	Clé de compréhension, solution, source d'informations et de développement de soi

Et si le conflit pouvait **s'apprendre**, se réfléchir et se transmettre sainement ?
Et si le conflit avait **une place saine** et précieuse dans la relation amoureuse ?
Ça te paraît impossible ? ça te paraît compliqué ? mais tu es curieu·se et tu veux en savoir plus ?
Le conflit est un sujet si vaste, passionnant et fondamental qu'on pourrait lui consacrer tout un livre ! Dans ce chapitre, je te propose de découvrir comment il peut t'aider à avoir une relation affective apaisée.

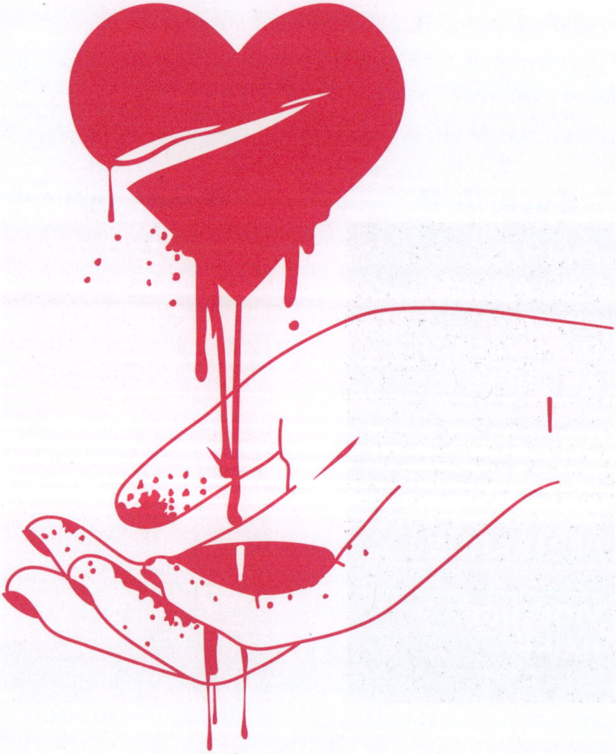

Le conflit, c'est le mal !

Oui, j'avoue : mon style à moi, c'est le conflit. J'aime le conflit, je le trouve fort, puissant et hyper efficace. J'aime le conflit pour ce qu'il nous permet d'être, de résoudre et de développer dans le lien. J'aime le conflit parce qu'il nous donne la possibilité d'être vrai·es, authentiques et fragiles. J'aime le conflit pour toutes les opportunités et les possibilités qu'il vient ouvrir. J'aime le conflit parce que je le vis comme « une occasion » !

Cela n'a pas toujours été comme ça, hein ! Petite fille, j'étais plutôt colérique et je parlais fort (d'ailleurs, aujourd'hui encore, je parle fort et je l'assume). Je disais les choses, je montrais du doigt ; je ne fermais pas les yeux, je ne faisais pas semblant. Même si je ne comprenais pas tout et étais souvent dans la confusion, je sentais, je savais et je disais.

Alors, j'avais la réputation de faire des histoires et du bruit. C'est vrai, j'étais bruyante, mais les problèmes n'avaient pas besoin de moi pour exister ; moi, je les disais et je les montrais avant tout pour essayer de comprendre, je pensais que c'était alors ma mission !

Les gens, eux, n'aimaient pas ça, et ça j'ai mis du temps à l'intégrer. Ils n'aimaient pas ce sur quoi je mettais la lumière et je voulais qu'on s'arrête, ce que je voulais qu'on décortique et qu'on résolve.

Il m'a fallu du temps pour comprendre que les gens rejetaient ce que je représentais :

- **la fauteuse de troubles,**
- **la perturbatrice de l'ordre social !**

Il m'a fallu du temps pour comprendre que :

- ✓ **la liberté** avec laquelle j'exprimais ma colère sur les sujets sensibles les dérangeait ;
- ✓ **la colère** et le conflit leur étaient très inconfortables, voire insupportables ;
- ✓ **le conflit** leur faisait peur... et qu'ils détestaient avoir peur.

Par suite logique, les gens ne m'aimaient que pour un temps : le temps de la paix.
Quand je voulais dire stop, là, je devenais méchante.
Quand je disais l'injustice, le problème ou l'inconfort, là, je devenais un problème.

J'ai eu le sentiment pendant longtemps qu'il fallait se taire, être silencieu·se, se satisfaire de l'existant et ne pas faire de vagues pour être aimé·e et accepté·e. Alors, j'ai commencé à me taire, parfois. Puis, avec le temps, je me suis de plus en plus tue et puis j'ai fini par me réguler, jusqu'à ce que je décide d'**utiliser le conflit comme un cadeau précieux, un privilège réservé à celleux qui comptent.**

Désormais, je ne me fâche qu'avec celleux que j'aime !

Je te raconte mon histoire pour te montrer comment on peut diaboliser le conflit et toutes ces émotions dites « négatives ». Voici d'ailleurs un tour d'horizon des jugements qui viennent nourrir l'idée que le conflit est mauvais et contribuent à l'interdiction de se fâcher.

Être en conflit c'est :

- **ÊTRE UN·E SAUVAGE**

» **Se fâcher, c'est mal, c'est céder à ses instincts primitifs, ça ne se fait pas ! Il y a dans le conflit une perte de contrôle qui effraye. Comme si, en perdant le contrôle de nos émotions, de nos mots, on perdait notre humanité. Comme si ce contrôle de nos émotions était automatiquement lié à notre intelligence, notre force, notre respectabilité.**

- **MANQUER DE POLITESSE ET DE SAVOIR-VIVRE**

» **Quand on est poli·es et bien éduqué·es, on se comporte bien. On ne dit pas un mot plus haut que l'autre, on ne tape pas du poing sur la table, on ne crie pas, on ne s'indigne pas. Non, on discute, on communique calmement, posément...ou bien on se tait.**

- **ÊTRE RESPONSABLE DU DÉSORDRE SOCIAL**

» **Se fâcher, c'est faire des problèmes, c'est perturber le « calme » de l'espace familial, professionnel, scolaire, de voisinage. Quand on se fâche, on devient un·e rebelle, un·e révolutionnaire, un·e fauteur·se de troubles ! On dérange, on gêne, on devient marginal·e.**

Et toi, que penses-tu de toi quand tu te fâches, quel regard portes-tu sur toi dans ces moments-là ? Repense au dernier gros conflit que tu as vécu, ou à celui que tu aurais voulu avoir : qu'as-tu pensé de toi ?

a. Je suis hyper impoli·e.

b. Je préfère éviter de me faire remarquer... mieux vaut se taire.

c. Je vais déranger, si les autres ne réagissent pas, tant pis, je ne dirai rien.

d. Je m'en fous, ça ne sert à rien !

e. Je dis ce que j'ai à dire, point.

f. ....

Et si tu te remémores désormais le dernier gros conflit auquel tu as assisté, qu'as-tu pensé de la personne qui se fâchait ?

a. Iel est culotté·e, iel pourrait se taire c'est pas grand-chose !

b. Iel est mal élevé·e.

c. J'aimerais tellement pouvoir me fâcher comme ça !

d. Iel se fatigue pour rien : ça ne va rien changer.

e. Laisse tomber, iel fait tout le temps des histoires.

f. ....

Il y a donc ce que tu penses de toi-même quand tu te fâches, ce que tu penses des autres, mais aussi ce que l'on pense du conflit en lui-même. Voici quelques exemples des croyances sur le conflit, complète la liste avec les tiennes :

» **Le conflit fait mal**
» **Le conflit est bruyant**
» **Le conflit est violent**
» **Le conflit se finit toujours mal**
» **Le conflit ne résout rien**
» **Le conflit fait beaucoup de dégâts**
» **Le conflit est le début de la fin**
» **Le conflit implique un·e gagnant·e et un·e perdant·e**
» **Dans le conflit, il y en a un·e qui a tort et un·e qui a raison**
» ....
» ....
» ....
» ....

Et puis, pour en rajouter une couche, n'oublions pas que le jugement sur le conflit se double d'un jugement lié au genre !

Quand un homme se fâche, il est viril, protecteur, puissant, voire sexy ! Quand une femme se fâche, elle est émotive, fragile, folle, voire « hystérique » !

Je ne vais pas rentrer ici dans les raisons culturelles, sociologiques et politiques de cette distinction mais c'est important de souligner qu'elle existe.

GAËLLE

PARTAGE AVEC TOI

Pour être très honnête, quand je me fight, je suis plus dure avec les femmes qu'avec les hommes. Je sens bien que lorsque je suis en conflit avec les hommes (que ce soit mon mec ou des amis), il y a une forme de souplesse qui n'existe pas du tout avec les femmes. J'ai plus de facilité à pardonner aux hommes alors que je considère les femmes avec beaucoup plus de dureté, d'intransigeance. Je n'ai pas encore identifié pourquoi et d'où ça vient mais je vais travailler dessus lol !

ET TOI ?

Est-ce que tu réagis différemment selon que tu te fâches avec un homme ou une femme ?

Est-ce que tu réagis différemment selon qu'un homme ou une femme se fâche contre toi ?

C'est quoi ton problème ?

Qu'on le veuille ou non, **le conflit est partout autour de nous**. Observe ta famille : il y a forcément un·e de ses membres qui crie plus fort que les autres, un·e autre qui se fâche souvent, un·e qui se tait et se fait discret·e et un·e autre encore qui essaye, comme iel peut, de faire la ou le médiateur·rice.

Dès lors qu'une personne interagit avec une autre, le conflit peut exister. Il apparaît dans ce « système relationnel » quand l'une des deux personnes décide – consciemment ou non – de changer de posture. **Tant que tout le monde reste à sa place initiale, il n'y a pas de conflit : le système fonctionne !**

Le truc, c'est que tu peux avoir envie de changer de place, de posture ou de stopper le système alors que pendant des années, il te convenait parfaitement. Tu peux aussi avoir envie de changer de place parce que tu t'es (sur)adapté·e pendant longtemps à ce système et que tu en as désormais assez ! Dès lors, le système est remis en cause et le conflit apparaît.

EN PRATIQUE

je veux changer… pas moi !

Depuis près de dix ans, Abou et Fati fonctionnent avec une répartition des tâches très claire : Fati travaille et Abou s'occupe des enfants et gère la maison, la logistique de la famille. Un jour, Abou décide que ce rôle de père au foyer ne lui convient plus et il exprime le souhait de créer une société, ce qui implique qu'il sera beaucoup moins disponible. Fati vit très mal ce changement et une série de conflits s'ensuit. Abou, qui a besoin de changement, vient remettre en cause le système relationnel qui s'appliquait jusqu'ici avec sa femme, mais Fati résiste : l'ancien système lui convenait très bien !

Un conflit peut en cacher un autre

Parfois, le conflit représente un espace qui te permet de te soulager après une journée difficile, durant laquelle tu as accumulé plusieurs non-dits avec tes collègues, ta famille et tes amis. Le conflit, c'est l'espace où on craque, on explose, on se lâche ou on implose…

D'ailleurs, l'objet du conflit est souvent très loin de la véritable raison du désaccord. Quand tu observes dans quel état tu te mets – qu'il soit extériorisé ou intériorisé - pour un frigo mal rangé, une chaussette qui traîne, un papier pas envoyé, une amende ou un·e ex qui réapparaît sur FaceboOK dans la vie de ton·a partenaire, tu peux imaginer qu'il s'agit de plus, tu peux sentir qu'il y a des **enjeux bien plus importants et sous-jacents** derrière cet élément déclencheur.

Tu te fâches pour dire quelque chose de toi. Le conflit représente une occasion de déposer ta tristesse, ta colère, ta frustration.

En analyse transactionnelle, on parle d'**émotion parasite** lorsque l'on voit qu'une situation réveille de vieilles émotions.
L'émotion parasite est une **émotion du passé**, qui apparaît parce qu'une situation du présent ressemble, de près ou de loin, à une expérience de ton enfance. Il s'agit d'une émotion qui est **autorisée dans ta famille**, que tu as vue, à laquelle tu as été confronté·e.

Si, par exemple, l'un de tes parents se mettait souvent en colère et l'autre pleurait facilement, tu sais que la colère et la tristesse sont des sentiments autorisés et tu pourras les exprimer assez naturellement au sein de ta famille. L'expression des émotions est également

orientée par le genre : socialement, un garçon aura plus facilement le droit d'exprimer la colère tandis qu'une fille sera davantage autorisée à exprimer sa tristesse.

Ces émotions qui te sont familières, car elles ont imprégné ton environnement, constituent ton modèle d'expression émotionnelle. Mais d'autres émotions sont, elles, **interdites**, car elles n'ont pas été autorisées dans le cercle familial dans lequel tu as grandi. Comme tu n'as pas le droit de les ressentir, tu ne les exprimes pas : elles sont rangées dans un coin, quelque part. Et lorsqu'une situation provoque l'une de ces émotions interdites, tu utilises une émotion parasite pour compenser celle que tu n'as pas le droit d'exprimer ! L'émotion parasite est donc souvent assez décalée et **disproportionnée** par rapport à la situation.

EN PRATIQUE

erreur de traduction émotionnelle

Voici une scène à laquelle j'ai assisté dans la rue et qui illustre bien mon propos : un père gifle son fils parce que ce dernier vient de traverser le passage piéton, alors que le feu pour les voitures est au vert. Le père semble très en colère et gronde l'enfant. On peut imaginer qu'en réalité, ce n'est pas de la colère que le père éprouve, mais qu'il a eu très peur.

J'ai aussi le souvenir d'une cliente qui m'a raconté qu'elle avait « pété un câble » parce qu'elle avait grillé son mari en train de discuter avec des filles sur Instagram et Facebook. Sur le coup, elle a balancé des objets dans la maison et s'est mise à hurler. Ça ressemblait beaucoup à de la colère. En réalité, on peut imaginer qu'elle ressentait surtout de la tristesse et de la peur.

Contrairement à l'émotion parasite, l'émotion authentique est « juste » par rapport à la situation : elle est alignée sur la réalité.

Concrètement, tu es en accord avec ce qui se passe, alors oui ce n'est pas agréable, mais tu sais que c'est OK, que ça va aller. Tu arrives à t'exprimer, tu arrives à être en contact avec l'autre, à l'entendre, à être empathique. Tu es dans le présent, dans l'ici et maintenant.

Pas besoin de vingt ans d'analyse pour se rendre compte qu'on passe peu de temps dans des émotions authentiques ! D'autant plus quand on est en conflit…

Diagnostic émotionnel : parasite ou authentique ?

Visualise la scène ci-dessous (peut-être l'as-tu d'ailleurs déjà vécue) et essaye de sentir si chacune des émotions proposées correspond pour toi à une émotion parasite ou une émotion authentique.
Tu es installé·e au restaurant avec un·e ami·e. Soudain, une bagarre éclate à une table à proximité : tu entends des cris, l'une des personnes se lève, fait beaucoup de bruit, l'autre lui répond avec agressivité, bref, c'est un vrai affrontement.

Comment réagis-tu ?
Quelle serait, d'après toi, la réaction liée à une émotion authentique ?

Je te propose de répondre à cette question en gardant en tête que l'émotion authentique est une émotion à sa place, mesurée et appropriée par rapport à la situation et qui te permet de réagir en adulte.

» **Tu es complètement tétanisé·e : tu te figes et tu sens les larmes monter.**

» **Tu as envie d'intervenir, tu te sens bien vénère là !**

» **Tu continues ton dîner tranquillement, tu t'en fous.**

» **Tu décides, avec ton·a ami·e , de changer de restaurant ; le proprio gère très bien le problème.**

Évidemment, c'est tout à fait normal d'être inquiet·e quand un *fight* se déroule à côté de toi ; peut-être es-tu véritablement en danger ! Mais, souvent, lorsque l'on assiste à un accrochage, cela déclenche l'apparition de nombreuses émotions parasites, qui transmettent de précieuses informations sur ce que tu ressentais – enfant – quand tes parents se fâchaient ensemble ou contre toi.

EN PRATIQUE
une activation du passé

Un soir, une cliente se baladait avec son frère et deux amis dans Paris, à proximité de la Foire du Trône. Ils croisent un couple en pleine dispute. L'homme devient soudain complètement fou et violent : il gifle la femme, la jette au sol et lui donne des coups de pied. Le frère de ma cliente se précipite sur l'homme et lui met une énorme gifle en lui demandant de s'en aller. L'homme obéit.

» Bien sûr, je te demande de t'éloigner de tout jugement et de ce qu'il convient – socialement et moralement – de faire dans ce type de situation. Peut-être que tu vois un acte héroïque dans l'intervention du frère de ma cliente, là n'est pas le sujet : nous observons ici les émotions.

On peut tout à fait imaginer que cette scène violente a pu réveiller chez le frère de ma cliente une émotion parasite derrière la colère apparente. Ma cliente me racontera plus tard (grâce à ce malheureux événement) que sa maman a été battue par son père pendant des années.

- ✓ Ce que je veux te montrer à travers ce concept des émotions parasites, c'est à quel point, dans le conflit, tu es rarement dans le présent !

La prochaine fois que tu te retrouves en conflit, essaye de te poser cette question toute simple : pourquoi je suis vraiment vénère là ?

Regarde-moi, parle-moi !

Au sein de l'avalanche d'échanges – verbaux et non verbaux – qui caractérise une relation amoureuse, certains viennent nous nourrir tandis que d'autres nous blessent, voire nous annulent.

En analyse transactionnelle, on appelle ces moyens d'être vu·es et d'exister dans la relation des signes de reconnaissance. Ils peuvent être positifs ou négatifs, verbaux ou non verbaux.

Il en existe différents types :

» **Des signes de reconnaissance conditionnels**
La reconnaissance est liée à une action, une attitude précise.

Exemples
Positif : « Tu cuisines tellement bien. »
Négatif : « Je déteste quand tu me coupes la parole. »

» **Des signes de reconnaissance inconditionnels**
La reconnaissance est décorrélée d'une situation ou d'une action concrète : il s'agit d'une reconnaissance générale.
Exemples
Négatif : « Tu es ingérable, tu me soules ! »
Positif : « Je t'adore ! »

» **Des signes de reconnaissance verbaux**
Ici, la reconnaissance est exprimée et énoncée.
Exemples
Négatif : « Tu m'as encore fait attendre, j'en ai marre de toi. »
Positif : « J'ai passé une excellente soirée, merci ! »

» **Des signes de reconnaissance non verbaux**
La reconnaissance passe par les gestes, le comportement ou l'attitude.
Exemples
Négatif : « Le silence face à une demande, une grimace, un regard glacial. »
Positif : « Un sourire, un geste doux, un rapprochement physique. »

Dans la relation d'amour, ces signes de reconnaissance peuvent être un bon moyen de comprendre pourquoi on continue à se fâcher. Observe d'un peu plus près ton expérience personnelle de ces signes de reconnaissance.

Autodiagnostic : les signes de reconnaissance et toi

» HISTORIQUE

As-tu reçu beaucoup de signes de reconnaissance dans ton enfance ? Étaient-ce plutôt des signes de reconnaissance positifs ou négatifs ?

- Tes parents étaient-ils plutôt expressifs ou taiseux ? Te faisaient-ils des retours, des commentaires sur ce que tu faisais ?
- Tes parents te faisaient-ils plus de compliments, d'encouragements ou de reproches ?

» ÉMETTRE

Est-ce que tu donnes des signes de reconnaissance dans ta relation amoureuse ? Si oui, ce sont des signes positifs ou négatifs ? conditionnels ou inconditionnels ?

- Tu t'exprimes surtout sur ce qui te plaît ou sur ce qui te dérange ?
- Tu commentes des situations, des actions précises ou la relation, l'autre dans sa globalité ?

» RECEVOIR

Pour toi, recevoir des signes de reconnaissance positifs c'est agréable ou désagréable ?

- Est-ce que tu en reçois ? Tu aimes et apprécies les recevoir ? Tu as du mal, tu ne les vois pas ? Tu les rejettes ?

- Quand quelqu'un te fait un compliment, tu es plutôt à te demander si c'est bien à toi que l'on parle ou à en demander plus ?

» EXPRIMER SON BESOIN

Est-ce que tu sais en demander ?

- Tu attends que l'autre devine qu'iel doit te faire un retour sur telle ou telle chose ?
- Tu n'hésites pas à demander et guider l'autre ?

» SE RECONNAÎTRE

Est-ce que tu sais t'en donner à toi-même ?

- Tu te reconnais dans ce que tu fais, ce que tu es en tant que personne ou pas du tout ?
- Ces signes de reconnaissance sont-ils positifs ou négatifs ?

EN PRATIQUE
dialogue de sourds

Mayara et Gabriel sont en couple depuis cinq ans. Mayara trouve que Gabriel ne la reconnaît pas : il ne la complimente pas, il ne se rend pas compte de tout ce qu'elle fait pour lui. Gabriel, lui, trouve que Mayara en demande trop et n'est jamais satisfaite : elle ne voit que les parties négatives de lui.
Un soir, Mayara organise un super dîner pour recevoir

les parents de Gabriel afin de fêter l'anniversaire de sa belle-mère. Après le boulot, elle s'occupe des enfants, nettoie la maison et prépare un excellent repas pendant que Gabriel est encore au travail. Elle se donne beaucoup de mal et dresse une très jolie table. Malgré son épuisement, elle sert le repas et s'assure que les invités se sentent bien accueillis ; tout le monde apprécie le dîner mais personne ne fait aucune remarque.
Au moment d'aller au lit, Mayara est tendue, crispée. Elle balance à son mari : « C'est pas possible, la prochaine fois on commandera une pizza ! » Gabriel, qui a beaucoup aimé cette soirée et a trouvé sa femme très chaleureuse, ne comprend rien. Tous deux se couchent très contrariés.
Mayara ne sait pas demander de signes de reconnaissance (peut-être même qu'elle n'a pas conscience qu'elle en manque et en a besoin). Gabriel ne sait pas en donner.

On est bien d'accord que ce genre de situations existe dans énormément de foyers ☹ Dans ces cas, les tensions et accrochages peuvent être extrêmement présents car l'un·e des partenaires (ou les deux !) n'a pas l'impression d'être vu e par l'autre, iel ne se sent pas exister dans la relation.

Tu as besoin de signes de reconnaissance, j'ai besoin de signes de reconnaissance, nous avons TOUSTES besoin de signes de reconnaissance !

D'ailleurs, l'enfant préfère recevoir des signes de reconnaissance négatifs que de ne pas en recevoir du tout ! La méconnaissance de ce besoin de reconnaissance est au cœur de nombreux problèmes dans les relations amoureuses, alors il est indispensable que tu mènes l'enquête pour comprendre où tu en es. Oui, ce n'est pas toujours confortable de les demander/recevoir/donner au début, mais, rassure-toi, ça le devient !

Et si tu te rends compte que : tu n'as pas appris à les recevoir ni/ou à les donner eh bien, tu dois apprendre !

Tu as bien compris que tu te fâches donc pour plein de raisons différentes ; chaque fois, **tes émotions parlent de ton passé, de tes besoins et de tes interdictions.**

Comment bien se fâcher ?

On a donc exploré les raisons du conflit et de la colère mais, à l'origine, à quoi ça sert ?

La colère est là pour te protéger de l'envahissement, de l'injustice. Elle est là pour te permettre de poser des limites. On dit de la colère qu'elle est **fonctionnelle** – adulte, juste, productive, bien placée – lorsque tu l'utilises pour créer un changement, pour grandir ou **faire grandir la relation** avec l'autre.

La forme que peut prendre ta colère est un **indicateur de l'époque** à partir de laquelle tu vis ce conflit :

- ✓ si elle est en mesure de dire ce que tu es, ce que tu vis, ce que tu ressens, la colère est ancrée dans le présent ;
- ✓ si tu blâmes l'autre, si elle est dirigée contre elle ou lui, la colère est liée au passé.

Le conflit « adulte », conscientisé et ancré dans le présent peut par ailleurs :

- » **nettoyer la relation de ce qui ne lui appartient pas ;**
- » **mettre au jour les problèmes invisibles ;**

» **apprendre à mieux se connaître soi et l'autre ;**

» **créer une possibilité de changement.**

Le conflit t'offre donc une source infinie d'informations sur toi, sur ton amoureu·se et sur votre relation. Mais pour cela, il a besoin d'écoute, de douceur, d'accueil et de sens. À toi de décider si tu es prêt·e à lui donner tout cela pour en faire un vrai allié de ta relation !

Profilage : quel·le fâcheur·se es-tu ?

Avant de découvrir les profils de fâcheur ou fâcheuse, commençons l'exploration par un exemple pratique. Imagine : ton *date* arrive avec une heure de retard.

a. Tu hurles, tu fais une scène qui ne s'arrête pas. Tu aurais pu t'en aller mais, non, tu as besoin de faire exploser tout ce que ce retard a provoqué à l'intérieur de toi.

b. Tu boudes, tu t'enfermes dans le silence. Tu lui arraches la carte des mains au moment de commander.

c. Tu ne vois pas le problème, tout est OK.

d. Au bout de dix minutes, tu es parti·e et tu l'as

bloqué·e. Tu ne veux plus jamais entendre parler d'elle ou de lui.

e. Tu t'en vas au bout de trente minutes en lui exprimant ta frustration par message. C'est raté pour ce soir mais tu restes ouvert·e à un autre rendez-vous.

Une ou plusieurs de ces réactions te parlent ? Regarde maintenant à quel(s) profil(s) cela correspond (ils sont classés dans l'ordre des réponses).

» HYSTÉRIQUE

› La personne ressent et extériorise des émotions débordantes et disproportionnées.

» PASSIVE-AGRESSIVE

› La personne exprime indirectement sa colère via un silence glacial, des gestes, des regards ou des piques.

» SCHIZOÏDE

› La personne est détachée la situation, non concernée : elle ne ressent pas. Pour elle, il n'y a aucun problème.

» NARCISSIQUE/BORDERLINE

› La personne passe de tout à rien, de la diabolisation à l'idéalisation, l'autre n'existe pas vraiment : il est un objet de projection.

» ADULTE

› La personne sait poser des limites, elle est dans le présent et sait exprimer sa frustration et dire stop.

Maintenant que tu y vois un peu plus clair sur ta façon de te fâcher, regardons comment améliorer ta gestion des conflits.

Devenir ceinture noire en conflit

Je voudrais commencer par dire quelque chose de **très très très** important, quelque chose que l'on a tendance à oublier lorsqu'on est fâché·es. **Le conflit naît parce qu'il y a deux personnes (ou plus) qui ont été blessées.**

» **Soit elles se sont fait elles-mêmes du mal avec ce qu'elles ont pu voir ou entendre, elles ont interprété, jugé, ruminé ;**

» **Soit il y a eu des éléments factuels, des propos réels qui ont été dits et des actions concrètes qui ont été posées (insultes, humiliation, mépris).**

Alors, oui, tu as l'impression que l'autre est responsable de tout ; oui, tu as l'impression qu'iel est méchant·e, mauvais·e et qu'iel a voulu te faire du mal.
Parfois, tu sais qu'iel n'a pas voulu te faire du mal mais tu t'en fous, puisque c'est le résultat.
Tu as tendance à oublier que cette personne aussi a mal quelque part, nous avons tous tendance à l'oublier.

Si tu ne perds pas de vue que l'autre souffre aussi, alors tu pourras avoir une conversation bien plus constructive et résoudre l'objet du conflit.

Ensuite, il est important que tu puisses te rappeler que le conflit dans une relation affective vient parler d'amour, d'amour douloureux. Il exprime le sentiment de ne pas être reconnu·e, de ne pas être respecté·e, de ne pas être vu·e ; le conflit est une blessure d'amour.

Quand je ne suis pas attaché·e à l'autre, qu'iel n'est pas important·e pour moi : :

- **je m'éloigne,**
- **je quitte,**
- **je fais le deuil,**
- **je dis au revoir.**
- **je n'ai pas mal,**
- **je n'ai pas peur.**

Je ne me fâche pas quand je n'aime pas, je ne suis pas en colère quand je n'aime pas, je ne déteste pas quand je n'aime pas.

Le conflit, c'est de l'amour : on s'engueule parce que l'on s'aime !

Une fois que tout cela est dit, si, concrètement, là, maintenant, tu es fâché·e, vexé·e, en colère, voici cinq règles à suivre :

» Respire et tais-toi pour être le plus possible avec toi.

» Prends le temps de comprendre ce qui se passe pour toi, ce que la situation vient activer ou réveiller.

» Convoque ton empathie pour comprendre que l'autre a mal et est blessé·e.

» Questionne l'intérêt de ce conflit : est-ce qu'il en vaut vraiment la peine ? est-ce que tu penses qu'il peut être constructif ? ou as-tu juste envie à ce moment de balancer ta rage à l'autre ?

» Diffère la discussion si elle doit avoir lieu (tu l'aimes, iel t'aime : il n'y a pas d'urgence).

GAËLLE

PARTAGE AVEC TOI

Avant de travailler sur moi et de faire le love Programme, c'était un peu tout ou rien niveau conflit. Soit je ne me fâchais pas vraiment, et c'était plutôt des engueulades dont, au fond, je me foutais ; soit j'étais vraiment blessée et dans ces cas-là, je prenais direct mes affaires et je partais en mode : bye !

Au début de ma relation avec Rodney, j'avais encore ce réflexe. Je me souviens que chaque fois qu'on se disputait (même pour une petite embrouille !), je regardais où était la porte, je cherchais les clés du regard : je me préparais à partir à tout instant. Déjà, dans ma tête, je pensais à l'après en mode « Purée, je vais devoir déménager toutes mes affaires, où est-ce que je vais les mettre ? Ah peut-être chez ma soeur. » Et dans mon scénario mental, il n'existait qu'une seule suite possible, une seule option : la fin de la relation. Mon mental passait en mode action/réaction de façon hyper pragmatique pour trouver où j'allais dormir le soir-même, où j'allais mettre le nouveau bureau que je venais d'acheter ou bien quel job je pourrais avoir si je déménageais à tel endroit. Heureusement, une partie de moi, adulte, me disait que je devais rester, qu'il fallait que j'arrête de faire de la merde : avec le temps, j'ai appris à lui laisser plus de place et à l'écouter.

J'ai aussi appris que lorsqu'on est en conflit en couple, il faut établir un contrat, poser un cadre qu'on respecte même quand on est en colère : c'est fondamental pour éviter les débordements. Avant ça, les disputes pouvaient dégénérer en esclandres, en trucs complètement déjantés et disproportionnés. J'embrouillais Rodney pour des choses qui n'avaient ni queue ni tête, juste pour qu'il me rejette. Dans ces moments où je faisais tout pour qu'il me quitte (je lui balançais les pires méchancetés, je claquais la porte, je partais) c'était insupportable pour moi qu'il m'aime et qu'il reste. Alors, pour éviter de se blesser l'un l'autre quand on est plongés dans nos blessures activées par le conflit, on a choisi d'établir certaines règles :

- Prendre soin de l'autre (même si on est en colère !)
  Ça implique d'être très attentif·ve à l'autre, de la ou le regarder vraiment. Par exemple, si on sent que l'autre est tendu·e, commence à monter en pression, on se dit « Chéri·e, ça va ? » ou « J'ai l'impression qu'il se passe quelque chose » ou « Si tu veux en parler, je suis là ». Ça nous incite à nous observer nous-mêmes et à se demander : « Pourquoi je suis vénère là ? Qu'est-ce qui se passe en moi ? »
  Aussi, j'ai un mot de code particulier : quand, lors d'une dispute, je suis vraiment dans une de mes blessures et que j'ai besoin de douceur, je dis « Peluche ».

- Différer
  Quand on est en plein dans les émotions, ce n'est pas le bon moment pour résoudre un conflit, du coup c'est important de tempérer les choses et de prendre de la distance pour rester bien ancré

dans le présent et la réalité. Si je vois que Rodney cherche à provoquer le conflit, je ne dis rien. Je laisse passer, je diffère et on voit plus tard. Parfois, ce n'est pas facile, mais j'essaye de respecter cette règle au maximum et ça nous aide beaucoup ! De la même façon, il me laisse de l'espace et du temps pour que je puisse revenir dans la réalité lorsqu'un conflit vient activer un de mes traumas.

Comme nous travaillons tous les deux sur nous-mêmes et que nous respectons ces règles, nos conflits sont beaucoup plus intelligents et constructifs qu'avant.

Comment te sens-tu après ce voyage dans le monde du conflit ?

Tu sais quoi ? J'ai envie que les différentes parties de ce chapitre te guident jusqu'à une terre où tu es libre de te fâcher ou non, où tu peux exprimer tes émotions et ta colère. Un endroit où tu te donnes le droit, la permission de te *fighter* !

J'ai envie que tu aimes un peu plus le conflit – le vrai, celui qui te permet de te développer et de grandir.

J'ai envie que tu le diabolises moins.

J'ai envie que tu comprennes les raisons de tes conflits, qu'elles soient cachées ou non.

J'ai envie que tu deviennes un as du conflit intelligent.

Car, si tu es OK pour traverser le conflit ainsi que l'inconfort et la peur qui l'accompagnent, ça va changer ta vie, pour de vrai !

[Pause]

Lettre à ta colère

Voici une lettre que je t'invite à lire quand tu te sens vénère.

Je sais que tu es en colère, frustré·e.

Je sais que tu éprouves de la rage,
de la rancœur et de la haine.

Je sais aussi que tu ne ressens pas que ça ;

Je sais que tu as de la peine, que tu es triste.

Peut-être que tu n'en es pas tout à fait conscient·e,
ou que tu l'es juste un peu.

Je sais ce que ça fait de se sentir seul·e.

D'être loin de soi, loin des autres,
d'être dans une région où il règne confusion,
solitude et douleur.

Je sais que sentir ton impuissance,
ta peur et toutes ces émotions te donne
l'impression que ton cœur saigne.

C'est vrai, ce n'est pas une impression :
ton cœur saigne.

Je sais l'injustice que tu vis.

*Je sais que tu as envie de disparaître
de ta vie, sans savoir vraiment où aller.*

*Je sais que tu as mal ; et que ça fait mal
d'avoir mal.*

Je te vois.

Je te vois t'agiter, te blâmer et blâmer l'autre ;

car je te sens.

Et je sais que tu n'es pas seul·e ;

je sais que tu ne vas pas mourir ;

surtout, je sais que tout va passer.

Je te le promets.

ÉTAPE 6

OBSERVE TON LIEN À L'AUTRE

Maman, le début de l'histoire

La qualité du lien

On y est, on descend encore un peu plus dans les profondeurs et dans la réalité. Maintenant que tu as exploré les chapitres précédents, que tu t'es questionné·e grâce aux concepts, maintenant que tu as ouvert de nouvelles réflexions, c'est le *TIME* pour interroger la **qualité du lien, la qualité de la relation !**
Tu es chaud·e ? *Ready* ? Reprends ton carnet et ton stylo : *you gonna need it* !

Comment on fait pour être ni **trop**, ni **pas assez** ?
Comment on place le curseur entre ce qu'on donne et ce qu'on reçoit ?
Comment on sait si tout va bien ?
L'amour devrait être simple et fluide pour tout le monde, il devrait être accessible et sans grande difficulté ; on devrait pouvoir s'aimer dans le plus grand naturel !
Alors, oui, c'est vrai, dans un monde idéal, nous devrions pouvoir nous rencontrer simplement, construire une relation simple où il n'y a ni ennui, ni conflit, ni difficulté à être ensemble.
En vrai, ça peut arriver mais surtout les trois premiers mois, la première année ou les trois premières années – ça dépend des écoles.

Ça peut arriver vraiment mais il faut remplir certaines conditions :

- **si tu vas bien**
- **si tu rencontres quelqu'un qui va bien**
- **si tu t'es débarrassé·e de plusieurs de tes traumatismes, ceux qui t'alourdissent tellement que tu n'as pas de place pour l'autre**
- **si tu as guéri des blessures qui saignaient tellement que tu passais ta journée, ta vie à faire comme si elles n'existaient pas**
- **si la personne que tu rencontres a fait le même travail pour résoudre ses traumas et guérir les blessures qui prenaient toute la place**

Dans ces conditions, on obtient deux êtres assez déchargés, assez libérés de leur histoire et leurs traumas personnels pour pouvoir vivre quelque chose de simple, ou devrais-je dire de « plus » simple.
Soyons honnêtes : vu qu'on ne vit pas dans un téléfilm de Noël, personne ne remplit d'emblée ces conditions.
Ce qui est certain, c'est que **la qualité du lien dépend de deux états d'être :**

- l'état d'être de chaque personne **avec elle-même**
- l'état d'être de chaque personne **avec l'autre**

That's it !

OK, OK, mais ça vient d'où la manière dont on est avec l'autre ?
Bon, pour info, j'ai galéré – genre *vraiment* – pour écrire ce chapitre : je suis tombée malade, plusieurs jours d'affilée, avec crampes à l'estomac, nausées, fièvre...
Bref, la *deadline* était là et je n'arrivais pas à pondre ce dernier chapitre.
Pourquoi ? Tu veux vraiment savoir ? Après réflexions, rumination et séances avec ma psy (*I love you so much*), j'ai des infos !

Breaking news #1

On n'arrête jamais de travailler sur soi.
La vie est une exploration constante de qui l'on est, de nos blessures, nos zones d'ombre, notre lumière. Donc, oui, même les psys vont voir des psys !

Breaking news #2

C'est difficile de :

- dire au revoir,
- se séparer du processus d'écriture,
- quitter mon éditrice,
- quitter cette équipe qui m'a beaucoup soutenue.

C'est difficile de gérer la frustration de l'espace-temps que T'IMPOSE un livre.
C'est difficile de respecter ce cadre, pour la rebelle que je suis 😅
C'est difficile de ne pas TOUT dire, mais en même temps est-ce que tout est possible à dire ?
C'est difficile de ne pas faire plus complet, plus subtil, plus illustré.

C'est *difficile*.
Parce que ce que je veux, c'est que tu kiffes, que tu découvres, que tu apprennes.
Ce que je veux, c'est que ce livre puisse t'aider à grandir et à te développer, qu'il t'apporte un étayage dans ta relation amoureuse, qu'il devienne pour toi un guide, une référence.

Je veux qu'il te permette de devenir le loveur ou la loveuse que tu veux et que tu choisisses le loveur ou la loveuse que tu veux.

Mais *pourquoi* je veux ça ?
Pour que tu m'aimes, pour que tu m'apprécies, pour que tu me reconnaisses ?
Pourquoi je suis aussi perfectionniste ? aussi dure avec moi-même ?
(Je m'agite)
Peut-être que j'ai peur ?
Peur qu'il atterrisse dans tes mains ? peur de ton jugement ? de ton accueil ?
Oui, c'est vrai ça : comment tu vas m'accueillir ?
(Je suis triste)

Peut-être que ce livre, le tout premier que j'écris, c'est un accouchement de moi. Peut-être que ça vient réveiller un autre accouchement... le mien ? Ma naissance au monde... et ma naissance dans le monde des livres ?
Je vais trop loin ? Peut-être...
Mais peut-être pas ...

Born this way

Et si nos premières fois réveillaient tout ça, si elles venaient réveiller la première fois, la vraie première fois ?

LA PREMIÈRE FOIS QUE

» **tu t'es senti·e aimé·e,**

» **tu t'es sentie accueilli·e,**

» **l'on a répondu à tes besoins,**

» **tu as respiré.**

Toute cette peur, toute cette joie, toute cette inquiétude du nourrisson sont encore inscrites quelque part à l'intérieur de toi.

Tu serais OK pour essayer d'aller voir ?
Tu serais OK pour essayer d'ouvrir cette porte ?

Car ton arrivée dans la vie est une source d'informations précieuses pour comprendre ton existence : oui, ta naissance a été déterminante pour ta vie !

La connaître, la comprendre peut apporter de la clarté et de la légèreté dans ta vie. Voici quelques questions pour t'aider à mener l'enquête :

- ✓ Comment était ta mère pendant sa grossesse ? Plutôt heureuse, triste, déprimée, inquiète ?
- ✓ Comment, dans quelles conditions es-tu né·e ?
- ✓ A-t-on déclenché l'accouchement ? Comment s'est-il déroulé ?
- ✓ Es-tu arrivé·e avant/à/après ton terme ?
- ✓ Ta mère était-elle avec toi, après ta naissance, a-t-elle été séparée de toi (pour des raisons médicales, de santé...) ?
- ✓ Tes parents étaient-ils en bons termes ?
- ✓ Voulaient-ils une fille ? Un garçon ?

Tout ça et bien plus a impacté ta vie et la personne que tu es aujourd'hui : prendre conscience des détails de cette arrivée est nécessaire pour comprendre comment elle agit sur ta vie encore aujourd'hui.

EN PRATIQUE
pardon de déranger

Je travaille avec Mélissa depuis quelques années déjà. C'est une femme extrêmement gentille, généreuse et très discrète. Elle ne fait pas de bruit avec sa présence mais elle fait du bruit avec son travail : elle est actrice, une excellente actrice. Un jour, elle arrive à une séance assez triste, lourde, et les larmes aux yeux, ce qui n'est pas du tout fréquent.

Elle m'explique qu'elle souffre beaucoup, qu'elle repense à de douloureuses scènes de famille et qu'elle trouve que certaines réactions de sa famille sont particulièrement injustes, des attitudes de sa mère en particulier...

Je lui propose alors de faire un « dialogue de chaise :» c'est un outil d'analyse transactionnelle extrêmement puissant et réparateur et qui est très efficace quand on a des comptes à régler.

Durant ce travail, Mélissa parvient à s'exprimer et dit à sa mère – qui est présente énergétiquement sur une chaise en face d'elle – à quel point elle se sent triste et la trouve injuste.

Dans un flot de larmes impressionnant, elle dit à sa mère son manque d'amour, son manque d'expression affective, elle dit sa solitude, son sentiment de ne pas être aimée et à quel point tout ça est très douloureux pour elle. Puis elle balance soudain : « De toute façon, tu n'as jamais voulu de moi et je le sais ». Je suis surprise par cette découverte et demande à Mélissa des précisions ; elle m'explique alors que sa maman ne voulait plus d'enfants à

ce moment-là de sa vie, elle l'a appris de certains membres de sa famille.
Beaucoup de choses s'assemblent pour moi et je comprends alors cette attitude de femme discrète, qui rase les murs, se fait toute petite, qui ne veut pas déranger.
Je partage avec Mélissa l'hypothèse que, peut-être, cette naissance qui n'était pas désirée par sa mère a un impact sur l'enfant qu'elle a été puis sur cette adulte qui a toujours le sentiment de ne pas être comme il faudrait, de ne pas être à la bonne place au bon endroit, de ne pas être importante, de ne pas être aimée.
Mélissa est très émue : mes propos résonnent. Cette séance fait partie de ces moments un peu « magiques », puissants, qui permettent des prises de conscience qui peuvent changer le reste de ta vie.

Ne pas avoir été désiré·e, même si cela n'a duré que deux jours, peut laisser un sentiment profond et durable chez l'enfant d'être de trop. Je pourrais te donner des dizaines d'exemples similaires qui montrent à quel point c'est important d'enquêter sur notre arrivée dans ce monde.

« Sache » : voilà mon conseil. Va chercher l'info ! Elle est accessible, disponible, à l'intérieur de toi. Si ta mère est plutôt du genre à partager ses expériences, c'est cool, car tu peux en discuter avec elle. Si ce n'est pas le cas, la thérapie, l'analyse mais aussi le soin énergétique peuvent te permettre de rencontrer cette partie de ton histoire !

Please, love me !

Après la naissance, tes premiers mois, tes premières années d'existence te permettent d'expérimenter la relation au sein de ton environnement familial puis scolaire et amical. **À partir de ces expériences, tu développes ta propre manière d'être en lien avec l'autre.**
Pendant longtemps, on a pensé – merci Freud et ses confrères – que la qualité de la relation amoureuse dépendait exclusivement de la qualité du lien que nous avons eu avec notre parent·e du sexe opposé durant notre enfance.

En gros : si tu es une femme, tu cherches à réparer, à récupérer, à quitter la relation avec ton père et si tu es un homme c'est la même chose mais avec ta mère.

OK, c'est une partie de la vérité mais **ce n'est pas toute la vérité.**
John Bowlby, psychiatre et psychanalyste britannique célèbre pour ses recherches sur l'attachement et la relation mère-enfant, nous apporte des outils précieux pour compléter la théorie de Freud. En 1958, il présente officielment sa théorie sur l'attachement en insistant sur le fait que la relation à notre mère constitue l'élément fondamental de notre développement.
Relation à la mère ? Ça veut dire quoi ?
Ça veut dire que la manière dont elle « répond » à tes

demandes va avoir une incidence sur ton sentiment de sécurité intérieure.

Quand tu arrives, tu es un bébé, donc tout ce que tu veux c'est te sentir en paix, enveloppé, c'est tout. Tu veux **sentir la douceur et l'amour pour te développer sainement** 😍

Et c'est parce que tu as reçu ce qu'il te fallait de confiance, de protection et de calme que tu seras ensuite en mesure de te **séparer avec facilité de ta mère**, le moment venu. Tu me suis ?

En tant que bébé, tu as plusieurs moyens de réclamer ta figure d'attachement :

- les pleurs
- les agrippements
- les sourires
- les succions (autres que celles pour se nourrir)

Ces comportements d'attachement sont des appels du bébé pour être plus proche de la mère. En fonction de comment la maman réagit à ses appels, le bébé développe plus ou moins sa **confiance en la disponibilité de sa figure d'attachement**, c'est cette confiance qui fait qu'il peut se développer sainement.

Selon la façon dont ta maman réagissait à tes appels quand tu étais bébé, tu as développé une manière d'être en lien et de t'attacher à l'autre.

Il est décrit quatre types d'attachement possibles :

» L'ATTACHEMENT SÉCURE

Le bébé est sécure quand la figure d'attachement est disponible et réactive à ses demandes. Elle est là pour le réconforter et l'accompagner dans la séparation nécessaire pour le jeu et l'exploration du monde sans elle. Le bébé va bien et ça se voit ! Il vit la séparation et le retour avec la maman sans intensité.

» L'ATTACHEMENT INSÉCURE ÉVITANT

La figure d'attachement est plutôt indisponible et pas très présente. Le bébé peut se séparer d'elle facilement mais la rejette, quand elle vient le récupérer par exemple. Le bébé paraît assez « détaché » : il donne l'impression d'être déjà indépendant.

» L'ATTACHEMENT INSÉCURE DE TYPE AMBIVALENT

La figure d'attachement est assez incohérente et imprévisible, elle passe de l'absence à l'omniprésence ; l'enfant ne comprend pas ses attitudes. Bébé est anxieux, il veut puis ne veut plus la présence de sa figure d'attachement : il est très mal quand elle s'en va et refuse sa présence quand elle revient.

» L'ATTACHEMENT INSÉCURISANT DÉSORGANISÉ

La figure d'attachement est désorganisée et peut être

maltraitante (la ou le parent·e est violent·e, humiliant·e, iel transmet des messages négatifs et nuisibles). Le bébé est parfois évitant, parfois résistant. Il peut être assez contradictoire et s'accrocher fort à sa figure d'attachement puis la rejeter brutalement. Bébé peut aussi prendre en charge des choses qui le dépassent, les émotions de ses parents par exemple. Il essaye d'être parfait et cache tout ce qu'il ressent, tout ce dont il a besoin.

En fonction de l'environnement dans lequel tu as grandi et de la manière dont ta mère était en relation avec toi, tu as donc développé des mécanismes relationnels.

Je tiens à préciser que, d'une part, il arrive que ce ne soit pas notre mère qui s'occupe de nous à notre naissance mais un·e autre adulte. Dans ce cas, c'est ce·tte adulte qui sera considéré·e comme la figure d'attachement. D'autre part, il est important de souligner aussi que nos figures d'attachement ont développé leur type de réactions à partir de leur propre chemin, de leur propre histoire, de leur propre mère donc ***no judgment*** : juste de la compréhension, de l'écoute et de l'exploration.

Alors, quel genre d'adulte tu peux être avec ton expérience d'attachement de bébé ? Quel genre de relation tu peux construire ?

GAËLLE

PARTAGE AVEC TOI

Quand je me suis intéressée à la façon dont je suis née, j'ai appris que je suis arrivée par voie basse, de façon très légere, plutôt discrète. D'après ce qu'on m'a raconté, j'étais un bébé qui ne faisait pas de bruit, ce qui n'est pas très étonnant quand on connaît le contexte...

J'ai été conçue alors que mon grand-père, Henri, était très malade ; il était en phase terminale lors des derniers mois de la grossesse de ma mère et il est décédé une semaine après ma naissance. Je suis donc arrivée dans un moment où tout le monde était en deuil. Ma mère devait gérer toute la famille, mes frères et soeurs, mon père, et je pense qu'elle était dépassée par ce qui se passait : cela faisait trop d'émotions d'un coup. Peut-être que j'ai naturellement compris que je ne devais pas faire trop de bruit pour ne pas les déranger parce qu'il y avait déjà trop de choses à gérer.

Grâce au travail sur moi, je me suis rendu compte que cette arrivée a influencé toute ma vie : chaque fois que je me suis lancée dans un projet – que ce soit la télé ou le théâtre –, ça a été pour faire du bruit, exister autrement, ailleurs que dans ce cadre familial où la mort me réduisait au silence. Ma naissance a été marquée par le deuil, et j'ai longtemps porté cette mort en moi, notamment à travers des phases de dépression très lourdes. Mais à partir du moment où j'ai compris cet héritage, où j'ai identifié la source de cette lourdeur, je me suis enfin mise à vivre.

Cela a bien sûr influencé mes relations amoureuses. Je me souviens par exemple d'un de mes ex : pendant un an, le mec m'avait couru après, me faisait du rentre-dedans. Un jour, je décide de tenter de le fréquenter ; ça se passe hyper bien entre nous, on est à fond dans la relation, je rencontre sa famille et on parle même de vie commune. Puis, soudain, il m'envoie un message : « On va devoir en rester là. » Je vais directement chez lui pour comprendre ce qu'il se passe ; je tombe sur sa mère, sa soeur et une femme. Sa femme. J'apprends alors qu'il est marié et que personne, ni lui ni sa famille, ne m'avait prévenue. Et qu'est-ce que je fais à ce moment-là ? Rien. Je me tais, je me fais discrète et je m'en vais. Exactement comme j'ai fait lorsque j'étais bébé.

Au début de ma relation avec Rodney, comme il y avait beaucoup de vie et de vitalité, j'avais besoin d'apporter de la mort et de la brutalité pour coller au modèle que je connaissais. J'ai donc essayé très fort de tuer la relation !

Dépendance et détachement

Si tes besoins de sécurité ont été satisfaits enfant et que tu es donc dans un attachement de type sécure, tu es **OK avec la rencontre, la séparation et avec la solitude**. Tu es disponible émotionnellement, tu es concerné·e par l'autre, tu communiques facilement tes ressentis. Tu aimes la relation avec l'autre et tu trouves

le bon équilibre entre indépendance et lien. Il y a donc peu de chances que tu sois en train de lire ce livre !

Si tes besoins de sécurité n'ont pas été satisfaits enfant, ton type d'attachement est anxieux (évitant, ambivalent ou désorganisé) et la relation représente pour toi **un espace de danger**.
Tu la vis comme menaçante, envahissante, inquiétante, source de souffrance et elle te fait **peur**. C'est inscrit partout dans tes cellules et tes mémoires.
Tu peux avoir plusieurs comportements pour te protéger de cette expérience douloureuse de l'enfant :

- **surprotéger ton espace,**
- **mettre les autres à distance,**
- **t'éloigner de toute forme de proximité ou en demander beaucoup,**
- **avoir des pensées obsessionnelles pour l'autre,**
- **penser que tu ne peux pas vivre sans lui.**

Autant d'attitudes relationnelles qui alimentent ton système d'attachement anxieux évitant, ambivalent ou désorganisé et qui t'empêchent d'avoir de la sécurité dans la relation.
Peu importe ce que l'autre fait ou dit : iel ne t'apportera pas toute la sécurité dont tu as besoin.

Non, car tu as besoin de guérir par toi-même les blessures laissées

par ta toute première expérience d'attachement.

Come closer : la dépendance

Si elle ou il parvient à te faire sentir en grande partie en sécurité, tu risques d'entrer dans **une relation de dépendance**.

Une relation où tu as besoin d'elle ou de lui pour vivre, pour exister, pour prendre tes décisions. Tu ne sais pas vivre sans l'autre. Ton estime de toi déjà bien abîmé·e continue à perdre en valeur car tu n'as pas d'espace pour découvrir tes ressources et ta capacité à prendre des décisions, à vivre pour toi, à répondre à tes besoins. À travers cette relation, tu as trouvé une « maman » de substitution pour mettre un pansement sur tes blessures et tu continues malgré toi à ne pas te développer.

EN PRATIQUE

j'ai besoin qu'on ait besoin de moi

En apparence, Julie est très dépendante de son mari Tom : elle ne travaille pas alors que son mari gagne très bien sa vie et elle a peu de contacts en dehors de lui – ils n'ont pas d'enfant, leur famille est sur l'île de la Réunion et et ils ont peu d'amis. Ils voyagent beaucoup pour le travail de Tom et Julie suit son rythme.

Depuis le début de la relation, cela lui convient. Elle en tire plusieurs bénéfices, dont celui de ne pas être responsable financièrement et administrativement des responsabilités qui l'angoissent, me confie-t-elle. Elle me dit aussi (en chuchotant) qu'elle aime être prise en charge, elle se sent alors comme une petite fille dans les bras de son papa et ça lui fait beaucoup de bien. Non pas qu'elle ait jamais tenté de travailler ou de suivre une formation mais elle sait que Tom n'est pas tout à fait d'accord avec cette idée ; il lui a déjà mis des bâtons dans les roues et a trouvé de multiples excuses pour qu'elle ne travaille pas.

De plus, Tom est convaincu qu'elle n'a pas besoin de travailler parce qu'elle a l'argent qu'il lui faut. Ce n'est pas nécessaire, qu'elle profite de rester au chaud, à voir ses proches.

À plusieurs reprises, Julie a essayé de travailler et, au bout de quelques jours, les problèmes ont commencé à se faire sentir à la maison : les tensions, les conflits. L'ambiance n'était pas aussi simple, aussi bonne que quand tout est à sa place, c'est-à-dire quand Tom est au travail et Julie à la maison.

Un jour j'ai demandé à Julie :

> « Tu me dis souvent que tu as besoin de lui, que tu ne pourrais pas "naviguer" dans la vie s'il ne gérait pas tout et je me demande : est-ce que Tom a besoin de toi ?
>
> Elle me répond avec beaucoup d'assurance :
>
> — PAS DU TOUT, il n'a pas du tout besoin de moi ! Lui, il se gère tout seul.
>
> — Est-ce qu'il n'aurait pas besoin que toi tu aies besoin de lui ?
>
> Elle me regarde alors avec insistance et me dit :
>
> — Il est très anxieux quand je ne lui

demande rien ou quand je fais sans lui.
Quand je suis avec ma copine ou mon frère par exemple, ou que je les sollicite, il n'aime pas ça du tout. »

Alors, oui, Julie est dépendante ; elle le sait et ça lui convient la majorité du temps, mais Tom l'est aussi.

Je raconte cet exemple parce que c'est souvent celle ou celui qui se reconnaît comme « victime » de dépendance qui se sent mal, fragile et petit·e. La dépendance peut tout à fait exister chez des hommes grands, beaux et forts.

Stay away : la distanciation

Lorsque ton type d'attachement est anxieux, tu peux aussi te retrouver dans **une relation distante, une relation sans engagement**, ou même **sans relation tout court**.

Tu rencontres alors des gens qui ne sont pas prêts, pas dispo, pas maintenant. Ou des personnes qui veulent du moitié/moitié pour tout, au restau, en vacances... Des personnes qui veulent faire appartement séparé, pas trop vite, pas trop fort, parce qu'il faut du temps, beaucoup de temps.

Il y a alors quelque chose d'urgent dans la relation, comme une **urgence à garder son identité** de peur de la perdre, de **peur de perdre son indépendance**.

Comme si l'autre avait le pouvoir de :

- **nous enlever à nous-mêmes,**
- **nous éteindre,**
- **nous « tuer » émotionnellement.**

EN PRATIQUE

je fais tout pour être loin

Samuel est souvent en vadrouille, souvent très occupé, souvent en voyage, souvent enseveli sous un océan de pensées. Il adore les gens, d'ailleurs, il a un cœur énorme. Mais Samuel est souvent seul, il sollicite ses proches quand son intensité émotionnelle est très très forte et puis, le reste du temps, il disparaît : avec ses amis, de grands moments de fusion alternent avec de longs silences. La continuité du lien n'existe pas.

Samuel est hypersensible : il vit tout avec beaucoup d'intensité, les belles émotions comme celles qui sont plus difficiles. Il a choisi une relation avec une très belle femme qui a beaucoup de succès dans son domaine : l'architecture d'intérieur. Elle voyage beaucoup et passe six mois dans l'année à New York et les six autres en Belgique ; Samuel habite à Barcelone (histoire de faire simple). La majorité du temps, il souffre de cette relation à distance, le reste il vit une passion folle.

Il ne comprend pas pourquoi c'est aussi compliqué, mais il sait que c'est elle le problème : elle ne veut pas de lien, elle ne veut pas de relation, elle n'est pas disponible, elle a trop de choses à régler. Elle l'aime et adore la folie de leur relation, mais elle n'a pas de temps à y consacrer.

Si Samuel passe plus de trois ou quatre jours avec sa chérie, il commence à paniquer, il a besoin qu'elle s'en aille. C'est très difficile pour lui d'être à deux trop longtemps : il se sent envahi, étouffé, c'est beaucoup trop.

Samuel a peur oui, mais de quoi a-t-il vraiment peur ?
Est-ce qu'il a peur, d'être envahi, de perdre son espace ?
Ou est-ce qu'il a peur d'aimer, puis d'avoir mal ?
Peut-être a-t-il peur d'être aimé ?
Peut-être a-t-il peur d'être en lien, peur d'être intime, peur d'être heureux ?
Comme si cela ne pouvait pas, ne devait pas arriver.
Samuel a-t-il peur d'avoir mal ou de sentir la joie ?
Comprendre cette peur et son origine va être l'un des objectifs de son travail thérapeutique pour pouvoir répondre à sa demande : ne plus se sentir envahi par sa chérie, même s'il « ne sait pas faire autrement ».

L'amour, c'est du changement

Si tu veux une vie amoureuse épanouie, si tu veux une belle qualité relationnelle, il y a des changements nécessaires qui vont arriver. Ça se fera progressivement, mais tu ne vas pas y couper ! **Deux personnes qui décident d'être ensemble provoquent le changement.**
Cela ne va pas concerner ton identité, ta personnalité, mais **ta manière de vivre avec l'autre**, que tu le veuilles ou non. La vie de couple c'est des changements, c'est une autre logistique, de nouvelles décisions, une autre manière de gérer son temps.

La vraie question n'est donc pas si tu es OK pour des changements, mais quel genre de changements es-tu prêt·e à opérer ?

Se poser la question de ce que tu veux bousculer ou non, de ce que tu es OK de changer, de bouger, de déplacer est vraiment important.
Parfois, quand une relation va très vite – on sait que ça peut très facilement s'emballer hein, surtout au début ! –, on se retrouve à changer beaucoup, beaucoup de choses au point de ne plus trop savoir ce qu'on voulait au départ. **Savoir, c'est donc important, vital et nécessaire pour rester toi-même au sein de la relation tout en apportant de la souplesse dans la forme, la manière dont tu veux vivre en lien avec l'autre.**
Il n'y a pas de couple parfait, il n'y a pas de modèle de relation parfaite, il y a « juste » le pouvoir que tu as de chercher à

- **savoir,**
- **comprendre,**
- **améliorer,**
- **et surtout te guérir des blessures qui saignent parfois beaucoup trop.**

Car ce n'est pas parce que tu as l'impression que ta vie roule, que tu gères plutôt bien, que cela veut dire que tu ne saignes pas à l'intérieur : nous avons toustes en nous des blessures. Prends le temps de les soigner...

GAËLLE

PARTAGE AVEC TOI

Moi j'ai toujours été OK avec le changement, je pouvais facilement déménager, revenir, partir, changer de job, créer de nouveaux projets. Je me lançais dans mes relations sans me prendre la tête sur les implications. Le problème, c'est qu'il n'y avait pas de limite dans ce que j'étais capable de faire par amour parce que tout ce que je voulais, c'était exister dans la relation et avoir un copain de galère. Pour ça, j'étais prête à tout !

En fait, j'utilisais le changement pour éviter de vraiment être en lien avec moi-même (et donc avec l'autre), pour ne pas m'ancrer. Le plus dur a donc été de m'installer vraiment, de me poser, de créer de la stabilité.

J'ai pris conscience que j'évitais la relation car j'étais la copie émotionnelle de ma mère : elle aussi a toujours été une femme très occupée, dispersée, à courir à droite à gauche mais sans véritable raison. Être avec quelqu'un, dans le présent, c'était très dur pour moi. Quand je voyais les gens, j'étais dans une forme de rigidité – comme si j'étais en danger, piégée – et il fallait chaque fois que ça rentre dans des cases, dans un cadre bien précis. Quand j'ai identifié que mon type d'attachement était évitant, je suis devenue plus vigilante sur tout ce que je mettais en place pour éviter le lien avec l'autre et j'ai pu, en conscience et progressivement, trouver des moyens de créer davantage d'intimité.

ATTENTION !

Je te vois venir : oui, oui, je t'entends, je te vois. Tu vas me demander : « Dois-je me mettre en couple si je n'ai pas soigné toutes mes blessures, si je n'ai pas tout réglé ? »
Ne commence pas à te mettre la pression ! Non parce que je te sens venir en mode « oui mais alors, il vaut mieux que je ne rencontre personne car il y a trop de trucs à gérer encore ». Si tu veux prendre ton temps, parfait, mais n'utilise pas ça comme excuse pour éviter le lien : je commence à te connaître ☺ ! Tout ne doit pas être réglé, guéri, clos pour que tu puisses construire une relation saine : tu peux tout à fait travailler à te comprendre, te guérir tout en étant dans une relation amoureuse. Tout n'est pas complètement noir ou blanc, tu n'es pas entièrement guéri·e et *ready* pour une relation ou blessé·e et incompatible avec une relation saine ! **Mais savoir que ces blessures sont là et impactent ta relation à l'autre, et travailler dessus, est crucial.**

Be your mama

Tu l'as compris, la mère est la figure centrale dans la vie de l'enfant. Quand cette maman a été fragilisée, inadaptée, stressée ou dépassée, il se peut que tu n'aies pas vécu l'enveloppement nécessaire pour devenir

un·e adulte en confiance. J'irais même encore plus loin : même si tu as eu dès ta naissance cette figure d'attachement enveloppante, présente, aimante et qui t'a donné assez de sécurité pour que tu deviennes un·e adulte fonctionnel·le, tu as quand même besoin d'une maman pour toute la vie. Je ne parle pas de celle que tu as eue, de celle qui t'a porté·e, de celle qui se trouvait être à l'extérieur de toi ; tu as besoin de te construire une **maman intérieure** qui puisse prendre le relais.
Tu as besoin :

- **de t'applaudir, toute la vie, pour les grandes choses que tu fais,**
- **de te soutenir,**
- **de te regarder avec respect et admiration,**
- **de caresses quand tu es triste,**
- **de câlins quand ton cœur saigne.**

Tu as besoin d'une maman.

On a toustes besoin d'une maman, toute notre vie !

Peu importe ton statut, peu importe si tu es mère ou père, si tu es un·e adulte ou un·e adolescent·e, peu importe ta classe sociale : tu auras toujours besoin d'une mère

Un peu comme la terre aura besoin de la pluie et de son soleil. Tu auras toujours besoin d'une mère.

On peut tout à fait être solide, indépendant·e, en sécurité et avoir besoin d'une mère, ça n'indique en rien de la fragilité, de la vulnérabilité ou du danger.
Savoir que tu en as besoin et chercher cette mère à l'intérieur de toi, la faire grandir, l'éduquer de manière à être inconditionnellement bienveillante, inconditionnellement souriante quand elle te regarde, inconditionnellement là pour toi, peut véritablement changer ta vie.

EN PRATIQUE

Yarra, la fille louve

Sa maman l'a eue alors qu'elle n'avait que seize ans, elle l'a portée dans un tout petit corps, dans un tout petit esprit, dans un brouillard et une charge mentale impossible à quantifier.
Le père de Yarra était pervers et violent : il battait et violait sa femme pour se sentir puissant et viril. Mariée à quinze ans à cet homme – « vendue » dit-elle – qu'elle trouvait beau, la mère de Yarra n'a pas choisi cette grossesse, elle n'a pas choisi grand-chose.
Yarra a eu une maman qui était elle-même une enfant. Alors, durant toute son enfance, Yarra a dû sécuriser, la peur au ventre, sa propre figure d'attachement.
Elle s'est vite organisée pour gérer ses émotions, pour prendre en charge sa vie, pour être très mature très vite et n'avoir besoin de personne.
Lorsqu'elle a commencé à travailler avec moi et que je lui ai parlé de la question de construire cette maman intérieure saine et bonne pour elle, pour cette petite Yarra qui a toujours tout fait toute seule, elle m'a dit

avec beaucoup d'innocence : « Je ne sais pas trop comment faire ça ».
Je lui ai demandé si elle n'avait pas autour d'elle des parents qu'elle aurait voulu avoir, qui l'inspiraient et en qui elle avait confiance. Elle m'a répondu : « C'est bon, je vais prendre exemple sur les parents de Laura Ingalls, dans *La Petite Maison dans la prairie*, et sur les louves, j'adore les louves ».

Toute figure maternelle qui te paraît **douce et enveloppante** est la **bonne pour toi**.
Ne prends pas ce travail à la légère, s'il te plaît. Ne pense pas que tu n'en as pas besoin ; ne te laisse pas envahir par toutes ces certitudes sur le fait que tu es grand·e et fort·e, que tu n'as besoin de rien ni personne ! Tu ne seras plus la même personne si tu te laisses aimer, tu ne seras plus la même personne si tu **fais rentrer à l'intérieur de toi la maternité**. Car la sécurité va alors venir habiter ton royaume : plus besoin de dizaines de boucliers, d'une armée pour protéger ton petit cœur, plus besoin d'avoir peur.

» **Désormais, tu es là pour définir les règles du jeu relationnel.**

» **Tu es là et tu ne te quittes plus, comme tu ne quitterais pas ton enfant.**

» **Tu te vois et tu ne détournes plus le regard de toi.**

» Tu t'accueilles, tu es disponible et il n'y a rien de plus important que toi-même.

» Tu te respectes et tu exiges le respect.

C'est un monde entier qui se transforme, c'est ta perception du lien qui se transforme.
Car quand l'amour et la sécurité prennent toute la place, les souffrances liées aux épreuves de la vie durent moins longtemps, font moins mal et ne peuvent plus te faire t'effondrer : l'inconfort, la douleur, la tristesse peuvent te toucher mais ta maman intérieure, nourrie par ta force et ta lucidité, est là pour t'aider à les traverser !

Les questions se calment ? Ou peut-être y en a-t-il un peu plus ? Peu importe ce qui se passe en toi : accueille tout ça et fais taire tes pensées !

Ce que je veux dire par là, c'est que tout est juste, tout est à sa place. Tout ce que tu ressens est juste et à sa place.

Et pas de « mais » ! Laisse-toi traverser par ce qui se passe à l'intérieur de toi, note-le et apporte ça chez ta ou ton psy ou trouve-t'en un·e si tu souhaites être accompagné·e 😊

Cette première année de vie en compagnie de celle qui t'a enfanté·e détermine la qualité du lien que tu vas avoir, que tu as avec ton environnement et plus précisément avec ton amoureu·se, mais tu n'es pas condamné·e à rester coincé·e dans ce type de lien.

Tu as le pouvoir d'améliorer ta qualité de lien si tu le souhaites ! Il y a du taf, oui, mais pas plus que tout ce que tu as déjà fait pour arriver à ce chapitre. Pas plus que l'énergie et le temps que tu as mis au service de tes études, de tes différents jobs, ou de ta famille et tes amis.

Je sais que tu peux vivre de la désillusion, des prises de conscience, la peur du changement ou encore la peur de découvrir des choses que tu vois mais que tu ne sais pas encore… C'est OK : prends ton temps, avance à ton rythme.

Ce chapitre mérite que tu le relises, que tu fasses de longues pauses ; il mérite que tu crées de l'espace pour lui, mais surtout pour toi.

Conclusion

Tout au long de la rédaction de ce livre, tu ne m'as pas quittée : je t'ai imaginé·e lire ces mots pour mieux répondre à tes questions – bien sûr, tu n'as pas encore trouvé toutes les réponses, et c'est très bien.

Je t'ai gardé·e proche de moi avec tes doutes, tes peurs, tes aspirations et tes espoirs.

Je t'ai entendu·e m'interroger, me confronter, me menacer même – oui, oui, c'était dans ma tête mais tu étais bien là !

J'ai voulu te dire à quel point on se trompe quand on met l'autre au centre de tout, à quel point c'est une erreur et le meilleur moyen de s'éloigner des solutions.

J'ai voulu te dire que c'est en améliorant la qualité de ton contact à toi que tu vas provoquer le changement que tu attends.

J'ai voulu te dire tes méconnaissances, tes responsabilités, tes ambivalences, tes choix, comment tu te fâches et comment tu t'attaches pour que tu éclaires ta pensée, ton cœur et tes actions !

J'ai voulu te dire que ce que tu fais ne te définit pas : cela te donne tes indices, des messages, du sens pour rencontrer qui tu es vraiment.

J'ai voulu te dire à quel point je t'aime en te parlant de comment tu ne t'aimes pas.

J'ai voulu te dire que l'amour t'appartient, qu'il est tout autour de toi et attend que tu lui ouvres ton cœur.

Tu sais, j'ai vu :

- **des couples convaincus qu'ils étaient amoureux mais qui ne l'étaient pas vraiment ;**
- **des couples qui n'étaient pas d'accord avec l'idée d'être amoureux ;**
- **des couples qui voulaient que l'amour soit tout le temps au summum de ce qu'il peut nous faire sentir ;**
- **des couples qui se détestaient ;**
- **des couples qui refusaient d'arrêter de s'aimer ;**
- **des couples qui ne s'aimaient plus mais qui étaient certains d'avoir choisi la bonne personne ;**
- **des couples qui se mentaient, qui se trompaient mais qui s'aimaient...**

C'est la vérité de tas de couples !
Il y a des histoires, des aventures, des expériences qui se vivent comme c'est possible pour nous et comme on le décide.

Parce que **tu décides**, ne l'oublie pas.
Tu décides de ce que tu vas faire de ces six étapes. Est-ce que tu vas les ranger dans un coin ? Est-ce que tu vas y revenir de temps en temps, pour les laisser se

diffuser à l'intérieur de toi dans un silence sacré ? Est-ce que tu vas te plonger dedans et en faire ta priorité ?
Tu décides de l'espace-temps que tu vas consacrer à ces six étapes, mais aussi à toi-même !
Tu décides de tes intentions, de l'énergie que tu investis et de la place que tu attribues à ce programme dans ta vie.
Tu es la ou le boss, tu es la ou le leader, tu es la ou le maître·sse : il est temps que tu le sentes et l'intègres !

Lorsque j'ai conçu le Love Programme, j'ai ressenti une forte envie de secouer les certitudes, les idées reçues, les préjugés. Une envie de bousculer ce que l'on sait pour s'autoriser à ne pas savoir (tu suis ?). Une envie de crier : ***WAKE UP*** !
J'ai pris la mesure forte, intense, profonde de ce que t'accompagner à t'unir à toi – aux plus belles parties de toi, t'unir aux parties les plus *dark*, celles que tu n'aimes pas et dont tu as honte – passe nécessairement par la voie de la séparation.
Se séparer de ce que l'on sait, ce que l'on veut, de ce que l'on croit, de ce qu'on pense être précieux, important, fondamental.
Car il ne peut y avoir de rencontre, de rencontre avec toi, avec les autres, si tu ne quittes pas, si tu ne te sépares pas.
Se séparer c'est faire de la place, c'est ouvrir, c'est commencer, c'est provoquer, c'est construire autre chose…
Et c'est flippant, mais nécessaire.
Désormais, je dois me séparer de toi, qui m'as

accompagnée durant toute l'écriture, et de ce livre, qui est mon tout premier. Ce livre où j'ai partagé ce que j'ai appris, découvert, expérimenté, ce que j'aurais voulu qu'on m'explique lorsque je me demandais « C'est quoi l'amour ? » Ce livre que j'ai imaginé comme une visite de ce qui est autour de l'amour, de ce qui est dans l'amour, de ce qui parasite l'amour et qui nous met toustes – toi, moi, nous – dans la confusion.

Le moment est donc venu de se dire au revoir… Et comme chaque séparation ouvre sur autre chose, je te dis à bientôt pour la suite.

Asmaa

Lettre d'un homme sur le chemin de l'amour

« Dieu créa l'homme puis sa femme à partir de sa côte. »

Comme l'exprima Matthew Henry, un bibliste anglais du XVIIIe siècle, « Ève ne fut pas créée à partir de sa tête pour le gouverner, ni à partir de ses pieds pour qu'il la piétine, mais bien de son côté pour être son égale, pour être protégée de son bras, et pour être aimée de son cœur. »
Je suis convaincu que l'amour est originel et inné, bien ancré au plus profond de nous. C'est une partie indélébile de notre humanité, de notre âme, le souffle de vie que notre Créateur insuffla en nous. Aimer nécessite d'être en lien avec son âme, son intériorité ; autrement, l'amour ne peut s'exprimer.

De nos jours, la difficulté à aimer provient d'un manque de connexion avec cette âme, car il faut d'abord être en lien avec soi pour pouvoir aimer l'autre. On aime à partir de soi, on aime comme on aimerait être aimé·e.
J'ai donc fait, au départ, comme tout le monde : j'ai aimé mais d'une manière inappropriée. J'ai aimé à partir de l'autre,

j'ai aimé par mimétisme, j'ai aimé sans être en relation, j'ai aimé avec mon corps, j'ai aimé sans âme. Je ne comprenais pas pourquoi ma partenaire ne ressentait pas mon amour, pourquoi je nous sentais parfois déphasés. Je croyais l'aimer en lui offrant des cadeaux et en partageant des activités (ciné, restau, fête) mais en réalité, je ne faisais que barricader le chemin qui menait à moi et qui nous aurait permis de nous rencontrer… vraiment. Je ne parlais pas de ce que je ressentais, de ce que je vivais, ce qui m'inquiétait ou me rendait heureux. Je ne pouvais pas lui donner cela car je n'avais pas appris à être en lien. Et comment être en lien avec l'autre quand on n'est pas en lien avec soi ?
J'ai commencé à voir un thérapeute initialement pour des problèmes de relations professionnelles. Assez vite, la thérapie a bifurqué sur mes relations personnelles pour parvenir *in fine* à la relation originelle : celle avec mon moi. Je suis revenu à la source et, en faisant un *date* avec moi-même, j'ai pu me rencontrer, me connaître, me charmer. J'ai pris conscience de qui je suis, ce que j'aime et ce que je veux. Ce retour à la source, je l'ai partagé avec celle que j'aime et qui m'accompagne sur mon chemin de vie. Apprendre à l'aimer véritablement a été pour moi comme si nous nous rencontrions une deuxième fois.
Ce chemin vers soi est difficile et troublant. Mais il est le seul qui nous amène à la destination finale : il est celui du retour à son vrai soi, celui du chemin vers l'autre, celui du retour au souffle de vie.

Merci, Asmaa, car tu m'as permis de me rencontrer vraiment. Tu es à l'image de cette citation de Rumi : « Un rayon de la lumière divine ».

Ton mari, Tarik

Remerciements

> « Don't let the sun go down without saying thank you to someone, and without admitting to yourself that absolutely no one gets this far alone. »
> **Stephen King**

Merci à la Terre mère, l'univers, le cosmos, el Khalik : l'expérience de la vie que tu me donnes est un cadeau, je le sais et ne l'oublie pas.

Merci à ma peine, à mon chagrin, à ma colère, à mes peurs : votre présence est nécessaire pour apprécier l'immensité de l'amour...

Chloé, Mélusine, Anne-Marie, merci de soutenir et de porter ce projet, merci d'y mettre ce que vous êtes, votre vitalité, votre ténacité et votre créativité.
Un grand merci à Caroline Gioux pour la beauté et la finesse de cette maquette qui vient sublimer le texte.

Sophie Lagriffol, toi et moi c'est plus qu'une rencontre, c'est une histoire qui vient d'ailleurs et qui va on ne sait où. Ce que je sais c'est qu'avec toi je pourrais écrire des livres toute la vie... Tu n'es pas une éditrice, tu es une âme qui sublime l'âme de tes auteurs par les lettres... Tu es une poète, une artiste, les mots dans tes mains deviennent des étoiles...
Merci d'être toi.

J'ai été drivée par des femmes, des femmes qui ont été bien plus que « des maîtresses », des mamans, des sœurs. Elles m'ont donné la permission d'être moi dans ma puissance, dans ma féminité, dans mon intelligence !

Latifa, entre toi et moi il n'y a plus de mots, il n'y a que de l'amour. Tu m'as accueillie, tu m'as libérée, tu m'as montré qu'être une femme c'était important. Je t'aime par-delà le ciel...

France, c'est à tes côtés que j'ai découvert mon intelligence, tu le sais (sûrement pas assez). Merci, merci d'être d'une simplicité bouleversante, d'une humilité déconcertante, merci pour toutes ces permissions que tu me donnes encore. Je t'aime.

A.S, c'est avec toi que tout a commencé, si je suis psy *today* c'est parce qu'un jour tu m'as dit que je pouvais l'être, que j'avais le droit et que tu me faisais confiance. Tu as changé ma vie. Un merci paraît bien pauvre : j'ai une gratitude infinie pour toi.

A.L... je sais que tu m'entends même quand je ne parle pas, que tu me sens même quand je ne me sens pas, tu sais même quand je ne sais pas. S'il te plaît continue d'être aussi libre, c'est contagieux. Je t'aime, merci de m'avoir aidée à rencontrer ce que je ne savais pas de moi...

Mon équipe de choc, Alexandra, Tanya, Salmata, Christa, Zayneb, les meufs je suis tellement fière de vous avoir auprès de moi dans cette aventure extraordinaire ! Votre talent m'inspire, votre professionnalisme m'apporte une sécurité inestimable : travailler avec vous me procure une joie infinie et on n'est qu'au début !

« Mes loyales », vous savez : pas besoin de dire ! Celles et ceux qui ont été là pendant là guerre seront là pour toute la vie... Votre soutien, public ou non, a été vital pour moi : merci à jamais de mettre de la vie quand je meurs.

Johanna, tu es un cadeau, merci d'offrir ta générosité, ta finesse, tes talents, que je suis heureuse de t'avoir dans ma vie.

Fun in life : Nadia, Nabil, Yassine, Anissa, je suis ici debout à porter ce que je suis et ce que j'écris pour vous. Merci d'avoir été plus loin, plus grand, plus large, merci de m'avoir rencontrée pour de vrai. Je vous porte dans mon âme, depuis hier, aujourd'hui et *3ala TALL*...

Papa, merci pour la joie, pour la liberté, pour la générosité et le cœur, merci.

Maman, merci pour la patience, l'admiration, l'humour et la fraîcheur !

Mes client·es, de Glasgow à Dubaï, en passant par Los Angeles, Barcelone, Ko Samui, Lille ou encore Malaga : merci de me choisir pour voyager avec vous, merci de votre confiance, merci de me permettre de vivre de ma passion, merci, merci, merci.

Gaëlle, quelle joie de vivre cette aventure avec toi ! Quelle surprise, quelle magie ! Merci de m'avoir fait confiance, merci d'avoir accepté de témoigner de ton expérience, merci ! Merci à celui qui partage ta vie d'être une source de paix, d'amour et d'écoute inconditionnelle pour toi.

Tarik, merci de ne pas avoir eu peur, merci de me voir, merci de m'écouter. Ta présence à mes côtés est une leçon quotidienne de sagesse, de détermination et de travail... Merci Habibi de ne pas te lâcher, de ne pas me lâcher...

Ezra, Jade, Hussayn, Jessim, Aswan : tout ça c'est pour vous, pour que rien ne soit impossible, pour que votre parole puisse résonner, pour que l'amour soit dans chacun de vos soupirs.

À toi qui tiens ce livre entre les mains : il est à toi, il t'appartient maintenant, merci de lui donner une chance de te faire du bien...

Références

» **Dr Éric BERNE, *Que dites-vous après avoir dit bonjour ?*** - Tchou

» **France BRÉCARD & Laurie HAWKES, *Le grand livre de l'analyse transactionnelle*** - Eyrolles

» **Elizabeth GILBERT, *Comme par magie***
Le Livre de Poche

» **Laurie HAWKES, *L'Art de penser dans un monde distrait et violent*** - Odile Jacob

» **Aldo NAOURI, *Ma mère*** - Odile Jacob

» **Clément ROSSET, *Le réel et son double***
Gallimard

» **Articles tirés des A.A.T., *Les Classiques de l'analyse transactionnelle***
Les Éditions d'Analyse Transactionnelles

» **Flavia Mannocci, *Les Pouvoirs de la Curiosité***
Odile Jacob

» **Michel Delbrouck, *Psychopathologie, manuel à l'usage du médecin et du psychothérapeute***
De Boeck